CONSAGRAÇÃO A JESUS POR
SÃO JOSÉ

Xavier Bizard

CONSAGRAÇÃO A JESUS POR
SÃO JOSÉ

Novena para renovar sua vida interior,
familiar e profissional

Paulinas

Dados Internacionais de Catalogação na Publicação (CIP)
Angélica Ilacqua CRB-8/7057

Bizard, Xavier
   Consagração a Jesus por São José : novena para renovar sua vida interior, familiar e profissional / Xavier Bizard ; tradução de Adriana Zuchetto. – São Paulo : Paulinas, 2023.
152 p. (Coleção Vida e Oração)

Bibliografia
ISBN 978-65-5808-204-0
Título original: Consagración a Jesús por San José para renovar su vida interior, de familia y de trabajo

1. José, Santo - Orações e devoções 2. Novenas I. Título II. Zuchetto, Adriana III. Série

23-0078   CDD 242.75

Índice para catálogo sistemático:
1. José, Santo – Orações e devoções

1ª edição – 2023
1ª reimpressão – 2025

Título original: *Consagración a Jesús por San José
para renovar su vida interior, de familia y de trabajo*

© 2022 Instituto Misionero Hijas de San Pablo – Colombia. Calle 161A No. 15-50
www.paulinas.org.co – editorial@paulinas.org.co

Direção geral: *Ágda França*
Editora responsável: *Marina Mendonça*
Tradução: *Ir. Adriana Zuchetto*
Copidesque: *Mônica Elaine G. S. da Costa*
Revisão: *Sandra Sinzato*
Gerente de produção: *Felício Calegaro Neto*
Capa e diagramação: *Tiago Filu*

Nenhuma parte desta obra poderá ser reproduzida ou transmitida por qualquer forma e/ou quaisquer meios (eletrônico ou mecânico, incluindo fotocópia e gravação) ou arquivada em qualquer sistema ou banco de dados sem permissão escrita da Editora. Direitos reservados.

Paulinas
Rua Dona Inácia Uchoa, 62
04110-020 – São Paulo – SP (Brasil)
Tel.: (11) 2125-3500
paulinas.com.br – editora@paulinas.com.br
Telemarketing e SAC: 0800-7010081

© Pia Sociedade Filhas de São Paulo – São Paulo, 2023

Sumário

Apresentação 9
Introdução 13

I. CONSAGRAÇÃO A JESUS POR SÃO JOSÉ 19
Dia 1. Imitação das virtudes de São José 21
Dia 2. O silêncio de São José 29
Dia 3. São José, esposo virginal de Maria 37
Dia 4. São José, anunciado no Antigo Testamento 49
Dia 5. São José, modelo de trabalhador 59
Dia 6. O coração do pai São José 69
Dia 7. A valentia de São José 79
Dia 8. São José, protetor da Santa Igreja 89
Dia 9. Uma devoção vital em nosso tempo 99

II. MEDITAÇÕES COM SÃO JOSÉ 111
III. DIA DA CONSAGRAÇÃO A JESUS POR SÃO JOSÉ 117
IV. ORAÇÕES, LADAINHA E HINOS EM HONRA A SÃO JOSÉ 133

Apresentação

A figura de São José no plano divino é percebida mais pela devoção popular do que pelo trabalho profundo que o pai adotivo de Jesus e esposo da Virgem Maria realizou na história da salvação. Para muitos crentes, ter cuidado de Jesus e da pureza da Virgem Maria é mais que suficiente para que José ocupe um dos lugares mais altos de santidade. Porém, o serviço do "santo do silêncio" abarca muitos espaços da vida humana, e sua ação dentro do Evangelho guarda uma explosão de sentido salvífico.

Apesar da aparente pouca presença de São José na Sagrada Escritura, cada uma das suas referências traz consigo uma realidade que deixa um rastro no Antigo Testamento, palpável no Novo Testamento e proveitosa na história de fé de muitos crentes. Tal proporcionalidade entre a brevidade do ato e a amplitude do impacto do mesmo não deixa de ser uma das tantas curiosidades da "pedagogia divina" de que fala o *Catecismo da Igreja Católica* (n. 53). Então, é sugestivo considerar São José como uma figura que a Bíblia apresenta de forma timidamente extraordinária.

Justamente, esta obra significa uma aproximação à dita explosão de sentido salvífico. Contemplar a vida do pai adotivo de Jesus e do esposo da Virgem Maria é uma forma de entender muito mais o sentido da santidade a partir do cotidiano. Assim, é interessante como, por meio de cada uma das reflexões que Pe. Xavier Bizard propõe para cada dia desta consagração a Jesus por São José, se evidencia a variedade das realidades a partir das quais São José viveu em santidade e se articulou a um plano que até hoje a Igreja Católica vivifica.

Consagração a Jesus por São José expõe duas necessidades as quais busca resolver, ao recordar algumas fontes do Magistério da Igreja e a fonte mais importante que nos foi dada: a Sagrada Escritura. A primeira é a de recordarmos às pessoas o que é a consagração – especificamente consagrar-se a São José – e como realizá-la. Esta parte é uma breve, necessária e substanciosa catequese, a qual ajudará a direcionar a essência do exercício de fé que se busca fortalecer mediante esta consagração.

A segunda necessidade que a *Consagração a Jesus por São José* busca resolver é a de ver o "santo do silêncio" de forma meramente secundária dentro da Sagrada Família. Outra perspectiva, muito popular, é a de ver o esposo de Maria e pai adotivo de Jesus unicamente como uma peça de ação, dentro da engrenagem salvífica, e não como objeto de uma reflexão profunda. De tal sorte, Pe. Xavier Bizard explica as nove "Leituras espirituais da consagração", de acordo com cada uma das atitudes que São José tem no Evangelho: seu caráter dócil à ação de Deus, a profundidade do seu silêncio, a espiritualidade do seu trabalho e vocação de esposo e pai, seu caráter diante da adversidade, suas referências e seu anúncio a partir do Antigo Testamento e seu papel nos inícios e na atualidade da Igreja.

Refletir sobre a vida dos santos é um exercício que a Igreja Católica recomenda, porque é uma grande ajuda contar com aproximações que animem os fiéis a ver a santidade como meta alcançável. Por isso, quando entrarem nesta obra, terão a oportunidade de seguir os objetivos particulares pelos quais se pode realizar uma novena (preparação, petição e discernimento), como também renovar sua consagração a Jesus, por meio de uma compreensão do que faz a presença do Filho de Deus, quando se vive na intimidade do lar e da vida diária. Assim, a possibilidade de rezar com São José, mediante as reflexões que nos propõe Pe. Xavier Bizard, amplia um pouco mais o panorama sobre a espiritualidade desse santo, porque oferece ferramentas para abrir o coração no trabalho de defesa da família, da Igreja e da dignidade humana.

Frank A. Orduz Rodríguez
Membro da comunidade Emmanuel – Colômbia

Introdução

O significado da consagração

O cristão é consagrado a Deus, o que significa que pertence a Deus por seu Batismo. "Os batizados, com efeito, são consagrados pela regeneração e a unção do Espírito Santo como casa espiritual e sacerdócio santo".[1] Portanto, toda consagração através de Maria, de São José ou de um santo consiste em renovar a união com Jesus pelas mãos do intercessor, a fim de dar um passo adiante até à santidade. Em outras palavras, a consagração a São José é uma consagração a Jesus através de São José.

O significado da consagração a São José

A consagração a Virgem Maria de São Luís Grignion de Montfort é a mais famosa e que ajuda muita gente a amar e servir a Deus mais perfeitamente em sua vida diária. São João Paulo II e muitos outros santos seguiram esse caminho de perfeição cristã para dedicar totalmente sua vida a Jesus por Maria. Ser todo de Maria, *Totus tuus*, é ser todo de Jesus. Isso é igual para a consagração a São José, que foi o pai adotivo de Jesus, protegendo-o durante sua infância e adolescência, e a quem Jesus obedeceu como um

---

[1] CONCÍLIO VATICANO II, *Constituição Lumen Gentium*, n. 10.

filho. Tornar-se filho de José é renovar sua vocação cristã de oração, de família e de trabalho.

Em anos recentes, a consagração a São José tornou-se mais e mais popular; muitos livros foram escritos sobre como viver esse passo de fé. A promulgação de São José como patrono da Igreja universal, pelo bem-aventurado Papa Pio IX,[2] em 1870, oficializou uma devoção a São José que floresceu a partir do século XIX com diversos devocionários. São João Paulo II também escreveu a carta apostólica *Redemptoris Custos* (1989) sobre São José. No dia 8 de dezembro de 2020, o Papa Francisco iniciou o *Ano de São José*,[3] com a publicação da carta apostólica *Patris Corde*, sobre o coração de pai de José, bem como começou seu papado na festa de São José, no dia 19 de março, sendo um grande devoto do pai adotivo de Jesus.

São Pio de Pietrelcina aconselhava os fiéis a consagrar seus filhos ao esposo de Maria: "Consagrem seus filhos a José, que os protegerá". Padre Pio teve uma relação íntima com São José e distribuía muitas estampas do santo, com intenções de orações escritas no verso. O ator Carlos Campanini disse: "Aprendam a confiar suas intenções a São José, confiando seus familiares, seus problemas e a vocês mesmos".

Assim, com a consagração a Jesus por São José, nos colocamos nos passos de tantos santos, ao pedir uma efusão

---

[2] SAGRADA CONGREGAÇÃO DOS RITOS, *Decreto Quedmamodum Deus*, de 8 de dezembro de 1870.

[3] O Ano de São José comemorou os 150 anos do decreto do bem-aventurado Pio IX, que declarou São José "patrono da Igreja universal".

do Espírito Santo em nossa vida, família e trabalho. Com efeito, São José é o guardião da Sagrada Família e de todas as famílias; olhamos para ele, sobretudo hoje em dia, quando tantos matrimônios e famílias desmoronam. São José é também o patrono dos trabalhadores, sendo oportuno pedir sua intercessão para melhorar a dignidade humana do trabalho para todos. Enfim, é o santo patrono da Igreja Católica, dando-nos outro importante motivo para implorar sua intercessão e curar a nossa Igreja.

As nove reflexões desta consagração inspiram-se na Sagrada Escritura e nos escritos dos papas São João Paulo II (*Redemptoris Custos*, 1989) e Francisco (*Patris Corde*, 2020), sendo estes dois últimos os mais recentes do Magistério papal. Estas reflexões nascem de uma novena de oração da Comunidade do Emmanuel de Bogotá, e de uma motivação pessoal: aprofundar a pessoa do pai adotivo de Jesus, assim como valorizar a paternidade e a família, em um mundo cada vez mais afastado de Deus.

O ato de consagração a Jesus por São José

Falamos de um "ato de consagração" porque não é apenas uma oração, mas uma determinação pessoal, para deixar-se transformar pelo Espírito Santo na sua vida diária. A consagração é confiar o coração, a mente, a alma e o corpo a Deus, com a ajuda de São José, para renovar toda a vida cristã. Portanto, a súplica em um ato de consagração é uma solicitude a Deus para renovar algo fundamental da vida cristã. Não é algo passageiro nem circunstancial, mas algo verdadeiramente profundo, como uma virtude teologal (fé, esperança e caridade), a vida de oração, a vocação de filho, de esposos, de pai e mãe, de religioso e a vocação ao chamado para uma realização profissional.

Como realizar a novena e o ato de consagração

O ato de consagração pode realizar-se de várias maneiras. A preparação se vive durante os nove dias, com a novena de oração completada pela leitura espiritual sobre um aspecto da vida de José. Pode-se rezar a novena sem consagrar-se, se não for batizado ou se não deseja dar esse passo da consagração no momento. Apesar disso, recomenda-se ousar dar esse passo, não duvidar, pois são muitos os benefícios que se alcança ao andar em companhia da Família de Nazaré. Justamente, esta novena é muito poderosa em virtude dos numerosos frutos que muitos receberam ao se consagrar a São José.

A preparação é pessoal, familiar ou comunitária. A participação na Eucaristia diária e no sacramento da Reconciliação é muito recomendável. O lugar para realizar a novena pode ser em casa ou no trabalho, diante de uma imagem de São José, uma Bíblia aberta e uma cruz. No dia da consagração, pode-se convidar os amigos para rezar junto. Será uma celebração alegre, um momento de testemunho de amor a Deus e de evangelização.

Depois da consagração é significativo decidir-se por realizar um serviço, uma missão nova ou renovada, para que a consagração frutifique na Igreja e no mundo. Em memória da consagração, aconselha-se colocar uma imagem de São José na sua casa e rezar diariamente a oração da consagração – a de São Bernardino de Sena ou qualquer outra da seção final de orações, ladainhas e hinos em louvor a São José desta obra –, para vivê-la em pensamento e ação. Todo dia 19 de março, em família, ou todo 1º de maio, no trabalho, pode-se renovar o ato de consagração de maneira mais solene. Pode-se repetir um ato de consagração quantas vezes quiser, já que isso ajudará, cada vez mais, a aprofundar na fé e a renovar seu compromisso com Deus.

Recomenda-se que o ato de consagração seja rezado em algumas das festas dedicadas a São José, como nos dias 19 de março e 1º de maio, ou em uma quarta-feira,[4] já que este dia é dedicado a São José, tal como o sábado é dedicado a Santíssima Virgem Maria. Pode-se ainda consagrar a Jesus por São José em uma festa mariana, pois ele é o esposo da Virgem. Nesse caso, a novena tem de começar dez dias antes da data escolhida.

Com estas recomendações, estamos preparados para agendar uma data para tal consagração e convidar familiares, membros de nossos grupos paroquiais ou colegas de trabalho para viver esta novena de preparação.

---

[4] No dia 5 de junho de 1883, o Papa Leão XIII aprovou a dedicação da quarta-feira como dia consagrado à devoção a São José em toda a Igreja universal.

I.

Consagração a Jesus por São José

Dia 1

Imitação das virtudes de São José

Em nome do Pai, do Filho e do Espírito Santo. Amém.

Oração (pessoal ou em grupo, p. 133)

Escolher alguma oração disponível.

Leitura espiritual (pessoal ou em grupo)

O Papa Francisco estabeleceu o Ano de São José[1] para que "todos os fiéis, seguindo seu exemplo, possam fortalecer todos os dias sua vida de fé no cumprimento pleno da vontade de Deus".[2] Seguir o exemplo de São José significa imitá-lo; o tema da imitação de São José não é fácil, em razão do pouco que os Evangelhos nos dizem sobre o protetor da Sagrada Família. Sem dúvida, há base suficiente para desenhar uma "fisionomia espiritual" de São José, deixando-se guiar pelas luzes da Sagrada Escritura, da Tradição e do Magistério da Igreja. Cada um está convidado a deixar-se iluminar pelo Espírito Santo, não para copiar ao

---

[1] De 8 de dezembro de 2020 a 8 de dezembro de 2021.
[2] PAPA FRANCISCO, Discurso do dia 4 de março de 2021.

pé da letra a vida de São José, mas para imitar suas virtudes e viver um caminho de perfeição de vida cristã.

A verdadeira devoção a São José consiste em imitar suas virtudes em sua vida comum; como dizia o filósofo Blaise Pascal, "para perceber a virtude de um homem, não é preciso olhar seus esforços extraordinários, mas sua vida cotidiana". O sacerdote francês Louis Lallement, sj, do século XVII, tinha a São José como modelo de vida interior[3] e lhe fez uma novena, a qual adotaremos como preparação à consagração a São José. Esta leitura espiritual apresenta os quatro exercícios diários que praticaremos durante a novena: a escuta do Espírito Santo, a união entre a oração e o trabalho, a devoção a Virgem Maria e a adoração do Menino Jesus.

Escutar o Espírito Santo

Este primeiro exercício consiste em considerar quanto São José foi dócil ao Espírito Santo. Nos relatos da infância de Jesus, São José é uma pessoa generosa e disponível. São João Paulo II assinala que São José vai "demonstrando de tal modo uma disponibilidade de vontade" que a qualifica de "semelhante à de Maria". Sua prontidão em responder ao anjo que lhe aparece em sonhos manifesta sua docilidade aos planos de Deus: "'José, filho de Davi, não tenhas receio de receber Maria, tua esposa; o que nela foi gerado vem do Espírito Santo'. Quando acordou, José fez conforme o anjo do Senhor tinha mandado e acolheu sua

---

[3] Extraído de LALLEMENT, L., *Devotion a Saint Joseph*.

esposa" (Mt 1,20b.24). Tão logo escuta o anjo durante o sono, levanta-se e executa a ordem. Essa plena e total disponibilidade significa uma confiança de filho para com seu pai, bem como uma escuta e uma liberdade interior que geram a docilidade ao Espírito Santo.

Sua plena disponibilidade a Deus lhe dá uma liberdade em relação a tudo quanto poderia prendê-lo ou limitá-lo. É nessa liberdade que São José pode acolher em sua casa uma mulher já grávida; um escândalo naquela época. Esse homem justo está sempre disposto a dar-se, com toda prontidão, ao cumprimento do projeto divino junto a Jesus e a Maria: por meio da viagem a Belém para cumprir a obrigação civil de participar do recenseamento do imperador; do exílio para o Egito diante do perigo da ira de Herodes; ou de sua obediência à Lei com a peregrinação ao Templo para as festas dos judeus. Sua total consagração a sua missão é um exemplo para nós, cristãos, chamados a cooperar na construção de uma civilização do amor mais justa e fraterna.

Ao examinar sua vida pessoal, Pe. Lallement tomou consciência de sua dificuldade de ser dócil ao Espírito Santo no seu dia a dia. De fato, essa docilidade passa pela escuta da Palavra de Deus no coração, pela aceitação de sua missão de vida e pela renúncia de alguns desejos ou planos pessoais. Depois dessa reflexão, ele resolveu seguir mais docilmente a inspiração da graça divina no momento presente. Para nós, um canto ao Espírito Santo é uma maneira prática de começar o dia, seja a caminho do trabalho ou cada vez que necessitamos tomar uma decisão importante.

Unir a oração e o trabalho

São José é o modelo da contemplação ativa. O objetivo deste exercício é contemplar com que notável perfeição São José unificou sua vida interior e seu trabalho, a vida contemplativa e a vida ativa. Na infância de Jesus, assumiu a responsabilidade de ser o esposo de Maria e o pai patrono do Menino Jesus. Na sua oficina de carpinteiro em Nazaré, viveu unido à vontade do Pai celestial. Sua vida ativa era a continuação de sua vida contemplativa, e sua união com Deus na oração se prolongava no trabalho com Jesus. Seu tempo de oração não dependia de seu trabalho, mas seu trabalho dependia da união com Deus.

Esse perfil espiritual de São José é reflexo de sua maravilhosa unidade interior, que o levava a uma rápida e generosa obediência. Esta também faz considerar que o trabalho, para o esposo de Maria, era não somente ocasião de ganhar o sustento para sua família como também uma excelente oportunidade para ele unir-se a Deus. De fato, durante o trabalho manual, o espírito de José de Nazaré estava na presença do Filho de Deus. Sem dúvida, sua existência ao lado de Jesus e da Virgem Maria lhe ensinou lições de vida interior que o tornaram um modelo contemplativo no mundo. Por esse motivo, Santa Teresa de Ávila o elegeu como patrono de vários de seus mosteiros. Assim, pois, habitado pelos mistérios de Deus em seu próprio lar, São José prolonga essa atitude de contemplação ao realizar suas atividades cotidianas. É um modelo magnífico de unidade de vida interior e exterior para nossa época, que corre atrás do tempo, divide a vida pessoal em setores e dispersa em vez de unir. Portanto, São José é mestre e modelo para pedirmos sua intercessão no trabalho, a fim de unificar nossa vida.

Refletindo sobre a própria vida, Pe. Lallement examina cuidadosamente os defeitos que tinha de corrigir. Ao praticar esse exercício, alcançava a união com Deus, até mesmo em meio às ocupações mais comuns de sua vida. Um minuto de silêncio no trabalho, diante de uma imagem, várias vezes por dia, pode ser uma maneira de unir a ação à vontade de Deus.

Amar a Virgem Maria

Este terceiro exercício permite unirmo-nos a São José como esposo da Virgem Maria, Mãe de Deus. O primeiro ato de fé do santo foi receber Maria em sua casa: "Quando acordou, José fez conforme o anjo do Senhor tinha mandado e acolheu sua esposa" (Mt 1,24). Portanto, podemos ver em José o primeiro discípulo de Jesus e Maria. Por ser um homem justo, escutou a voz de Deus e a colocou em prática, acolhendo a Virgem Maria em sua casa, e assim pôde viver em íntima união com Jesus, o Emanuel, o Deus conosco.

Por estar perto de Jesus e Maria, São José viveu uma escuta permanente de vida e de fé. José é a primeira testemunha da encarnação, o grande mistério que caracteriza a fé cristã: Deus se fez homem em Jesus para que o homem seja filho de Deus. Que maravilhosa interação de amor! Disso

São José foi testemunha privilegiada; certamente não entendia tudo, mas caminhava confiantemente em Deus. O santo tinha uma fé profunda e um amor a Deus que nasciam por estar todos os dias perto de Jesus e Maria.

José e Maria viviam em grande intimidade de fé e de amor. São João Paulo II escreve: "Tendo diante dos olhos o texto dos evangelistas, Mateus e Lucas, pode-se dizer também que José é o primeiro a participar da fé da Mãe de Deus".[4] A fé de Maria se encontra com a de José de maneira tão excepcional que podemos qualificar seu amor mútuo como puro e casto, em uma união espiritual proveniente de sua participação tão próxima no maravilhoso mistério da encarnação. A concepção imaculada de Maria e a justiça de São José juntam os santos esposos de maneira incomum e permitem ao Espírito Santo cumprir o plano de Deus na Sagrada Família, a qual é a primeira igreja doméstica, mãe de todas as igrejas domésticas.

Pe. Lallement, considerando que São José percebia em seu coração o desígnio de Deus na virgindade e na maternidade divina de Maria, amava o protetor da Sagrada Família por seu amor a Maria. Para nós, a oração do *Angelus* três vezes por dia (às 6, 12 e 18 horas) é um modo de manifestar nosso amor a Maria com São José.

Adorar o Menino Jesus

Foi adorando o Menino Jesus que São José recebeu sua vocação de pai protetor do Filho de Deus. Redescubramos

---

[4] SÃO JOÃO PAULO II, *Carta Apostólica Redemptoris Custos*, n. 5.

a profunda adoração e o serviço paterno de São José ao Menino Jesus. Para Pe. Lallement, tratava-se de pedir permissão a São José para acompanhá-lo em sua missão de adorar o Menino Deus. O Evangelho da Infância de Jesus, da gravidez de Maria até o nascimento em Belém, nos ensina a estar com Maria e José para contemplar o Menino Deus. Hoje, na presença de Maria e José, a adoração eucarística prolonga o mistério da encarnação na Igreja e, portanto, evangeliza o mundo.

A adoração é a atitude por excelência da criatura diante do seu Criador; ela nos coloca em escuta e obediência a Deus em nossa vocação familiar e profissional. Assim como São José ensinou o trabalho a Jesus e colaborou com ele, também a nós ensina a sermos adoradores na vida ativa e, então, corresponder à vontade de Deus no momento presente. O testemunho de vida de Pierre Goursat, um leigo adorador eucarístico, que vivia dócil ao Espírito Santo e ardia de amor pela salvação das pessoas, deve motivar-nos a sermos contemplativos e ativos na vida diária.

Para concluir este tema da imitação das virtudes de São José, rezemos o "Deus te salve, José", que destaca a união pela fé entre São José e a Santíssima Virgem Maria.

Oração

Deus te salve, José,
cheio da graça divina.

Entre teus braços descansou o Salvador
e cresceu diante de teus olhos.
És bendito entre todos os homens,
e bendito é Jesus,
o Filho divino de tua virgem esposa.

São José, pai adotivo de Jesus,
ajuda-nos em nossas necessidades
familiares, de saúde e de trabalho,
até o fim de nossos dias,
e socorre-nos na hora de nossa morte.
Amém.

Para refletir

Qual das quatro virtudes mais chamou minha atenção e que eu poderia seguir fazendo diariamente para fortalecer minha união com Jesus?

Dia 2

O silêncio de São José

Em nome do Pai, do Filho e do Espírito Santo. Amém.

Oração (pessoal ou em grupo, p. 133)

Escolher alguma oração disponível.

Leitura espiritual (pessoal ou em grupo)

São José é o protetor do Filho de Deus, que cuida em silêncio de Maria, a Arca da Nova Aliança. Sua contemplação do mistério de Deus revelado em Jesus o leva ao silêncio de quem se admira. O que significa o silêncio de São José? O que nos ensina esse silêncio? Vamos contemplar o silêncio de São José, ver como é um modelo de silêncio ativo e, finalmente, como esse silêncio nos ensina a escutar e a amar.

Os Evangelhos são discretos sobre São José: só Mateus e Lucas o citam diretamente; o evangelista Marcos guarda total silêncio sobre este tema, e São João o cita apenas duas vezes, indiretamente: Jesus, filho de José (Jo 1,45; 6,42). Seu nome está sempre unido ao de Maria e ao de Jesus, em uma missão comum: a salvação das pessoas, mediante seu respectivo *Fiat*, quer dizer, "faça-se em mim segundo a tua vontade". Os Evangelhos não nos dizem nem o lugar nem a data do seu nascimento ou de sua morte. São José não diz nada, ou melhor, os Evangelhos não nos mostram ele falando. Apesar disso, seu silêncio é eloquente, como o silêncio do Pai Celeste, que fala apenas através do dom, boca e oferenda de seu Filho.

São José é como a sombra do Pai Celeste, presença do Pai silencioso de onde sai a Palavra divina para instruir as pessoas:

> O silêncio de José tem um significado especial: graças a ele podemos captar plenamente a verdade contida no julgamento que o Evangelho faz sobre José: o "justo" (Mt 1,19). É preciso saber ler esta verdade, porque nela se encerra um dos testemunhos mais importantes sobre o homem e sua vocação.[1]

Assim, o silêncio de São José revela sua vocação de pai, que age secretamente para levar adiante seu filho, que é a Palavra.

O silêncio de São José valoriza o que fez: no trabalho, como esposo de Maria e protetor do Redentor. São João Paulo II fala assim da vocação de São José:

> Também o trabalho de carpinteiro na casa de Nazaré está envolvo pelo mesmo clima de silêncio que acompanha todo o relacionamento com a figura de José. Porém, é um silêncio que descobre de modo especial

---

[1] SÃO JOÃO PAULO II, *Carta Apostólica Redemptoris Custos*, n. 17.

o perfil interior de sua figura. Os Evangelhos falam exclusivamente do que José fez; sem dúvida, permitem descobrir em suas ações – ocultas pelo silêncio – um clima de profunda contemplação. José estava em contato cotidiano com o mistério "escondido desde séculos", que "colocou sua morada" debaixo do teto de sua casa. Isto explica, por exemplo, porque Santa Teresa de Jesus, a grande reformadora do Carmelo contemplativo, se fez promotora da renovação do culto de São José na cristandade ocidental.[2]

Em outras palavras, em São José a ação nasce da contemplação e por isso está ajustada à vontade do Pai e à vida de Jesus e Maria.

O silêncio de José, longe de ser de quem nada tem para dizer, é o silêncio de um homem que fala com Deus, dizia um autor francês do século XVII.[3] O silêncio verbal de José é fruto de seu silêncio espiritual em Deus evocado por seu sono místico. São João Crisóstomo compara o sono de José com o que Deus enviou a Adão quando formou Eva. Assim, esse silêncio revela um acontecimento divino que as palavras humanas não podem traduzir nem valorizar o que José é e o que fez; em outras palavras, a vocação de homem santo.

---

[2] SÃO JOÃO PAULO II, *Carta Apostólica Redemptoris Custos*, n. 25.

[3] Cf. BERTRAND, M., O mistério de São José, esposo e pai, no pensamento do Pe. José de Verthamont. *Estudos Josefinos*, Centro Espanhol de Investigações Josefinas, año 56, n. 111, jan. 2002. Verthamont publicou em 1692 uma obra com o título *Octavario de São José: com suas virtudes e seus prodígios*.

Viver o silêncio ativo com José

O silêncio de São José nas Sagradas Escrituras ensina que a vida cristã necessita de silêncio para ser música agradável ao ouvido, porque, sem silêncio, a música é ruído e perde sua natureza, sua beleza. Se o Evangelho é a partitura da santidade, a vida dos santos é a canção de Deus. Contemplamos como o silêncio é escola para escutar, falar e presenciar a Deus.

Escutar ensina a falar

O silêncio de São José é um convite a silenciar as vozes e os sons parasitários do mundo e a escutar o sopro de Deus, sua Palavra. Esse silêncio é sustento para superar todos aqueles ruídos em desarmonia com as luzes do plano divino. Esse silêncio externo fala em São José, de seu silêncio interno, e nos dispõe à graça, de maneira que, respondendo a ela, se possa dar ouvidos à vontade de Deus. Assim, São José oferece um testemunho encorajador sobre a importância do silêncio para escutar a voz de Deus.

Silenciar é uma atitude positiva que impulsiona a abrir os dois ouvidos para escutar, ao contrário de calar-se, que conduz a fechar a boca. Então, silenciar é abrir os dois ouvidos para estar atento aos ruídos da criação, do mundo e, em definitivo, à voz de Deus. O mandamento mais importante na Bíblia começa com "Ouve, Israel! O Senhor Nosso Deus é o único Senhor" (Dt 6,4). Para obedecer é preciso escutar a voz de quem fala; para amar é necessário conhecer o outro, quer dizer, escutá-lo.

O silêncio limita o pecado e dá consistência à palavra. Quem controla as palavras que saem de sua boca peca menos, diz São Tiago. "Todos nós tropeçamos em muitas coisas. Aquele que não peca no uso da língua é um homem perfeito, capaz de refrear também o corpo todo" (Tg 3,2). O silêncio é a maneira mais segura para limitar a proliferação do pecado no mundo, porque quem domina a língua, domina seu corpo. São Bento, abade, insiste também sobre a prudência ao falar, citando este salmo em sua regra monástica: "Vou pôr um freio à minha boca..." (Sl 39,2b). Falar demasiadamente leva à crítica, que pode matar três pessoas: aquela de quem se fala, a que fala e a que escuta.

O silêncio dá consistência à palavra. As palavras são destinadas a revelar o mistério do silêncio a partir de onde saem. Nesse sentido, um sábio do deserto dizia que gostaria de falar com o homem que esquecera as palavras. Uma palavra que não emerge do silêncio não tem força; se alguém não para de falar, ninguém o nota mais. Além disso, o silêncio mantém vivo o Espírito na alma e fortalece o testemunho de Deus no mundo. Ao contrário, a alma, em seu desejo de dizer muitas coisas, perde sua consistência e dissipa a memória de Deus.

O silêncio é presença de Deus

O silêncio não é ausência de palavras, mas presença de quem é a fonte de toda palavra e vida. A contemplação silenciosa da beleza da criação conduz à presença de seu autor; quer dizer que silenciar é presenciar ao Criador que nos deu a vida por amor. O profeta Elias se encontra com

Deus no monte Horeb depois do espetáculo dos raios e da tempestade, em uma "leve brisa".[4] Os três anos de vida pública de Jesus surgem após trinta anos de vida oculta. Em seu silêncio eterno, Deus Pai gerou o Verbo, criou tudo por ele e, o Verbo encarnado, se autorrevelou totalmente como plenitude do amor, tal como escreve São João: "Deus é amor" (1Jo 4,8). O silêncio é a plenitude da caridade porque dispõe à presença do outro e à compaixão; é uma qualidade do coração que podemos conservar até quando falamos. O silêncio nos mantém na verdade; é a partir dele que falamos a um sofredor e a ele voltamos quando as palavras dão frutos.

Jesus nos ensina a conversar com Deus a partir do segredo de nosso coração: "Tu, porém, quando orares, entra no teu quarto, fecha a porta e ora ao teu Pai que está no escondido. E o teu Pai, que vê no escondido, te dará a recompensa" (Mt 6,6). No silêncio de São José, pai adotivo de Jesus, contemplamos o mistério da encarnação, quer dizer, o encontro do humano com o divino. Quem se retira para um dia em silêncio, participa do silêncio divino; na vida cotidiana, a pergunta não é saber se falamos muito ou pouco, bem ou não, mas sim se nossas palavras levam ao silêncio de Deus.

---

[4] O que pode ser traduzido por "um doce silêncio", em 1Rs 19,12.

Oração

Deus te salve, José,
cheio da graça divina!

Em teus braços descansou
o Salvador e diante de teus olhos cresceu.

Bendito és entre todos os homens,
e bendito é Jesus, o Filho divino de tua
virginal esposa.

São José, pai adotivo de Jesus,
ajuda-nos em nossas necessidades
familiares, de saúde e de trabalho,
até o fim de nossos dias,
e socorre-nos na hora de nossa morte.
Amém.

Para refletir

O segredo da justiça e da santidade de José está em seu silêncio, que ensina a escutar e a presenciar a Deus.

Em que momento do dia dedico-me à escuta do Senhor?

Permito que meu próximo se expresse? Escuto-o com atenção?

Dia 3

São José, esposo virginal de Maria

Em nome do Pai, do Filho e do Espírito Santo. Amém.

Oração (pessoal ou em grupo, p. 133)

Escolher alguma oração disponível.

Leitura espiritual (pessoal ou em grupo)

Deus é glorificado em São José, no seu título de esposo virginal da Mãe de Deus. Vamos saber como é um autêntico esposo para a Virgem Maria, um esposo virginal, e como sua família é a obra redentora de Jesus, o modelo das famílias cristãs.

São José, autêntico esposo de Maria

São José é o autêntico esposo de Maria, como diz o Evangelho segundo São Mateus: "José, filho de Davi, não tenhas receio de receber Maria, tua esposa; o que nela foi gerado vem do Espírito Santo" (Mt 1,20b). Seu matrimônio com Maria é avaliado por Deus e, além disso, a relação conjugal entre os dois é parecida com a de outros casais do mundo. José é um verdadeiro esposo para Maria e partilha com ela os altos e baixos da vida: a fuga para o Egito, a perda de Jesus no Templo e a simples rotina da vida oculta de Jesus, em Nazaré. De sua parte, a Virgem Maria é para José uma autêntica esposa. São João Paulo II disse em uma de suas catequeses: "A comunhão de amor virginal de Maria e José, mesmo constituindo um caso especialíssimo, vinculado à realização concreta do mistério da encarnação, sem dúvida foi um verdadeiro matrimônio".[1]

Contudo, uma pergunta está aberta: quando aconteceu o matrimônio de José e Maria? A Sagrada Escritura afirma: "Maria, sua mãe, estava prometida em casamento a José e, antes de passarem a conviver, ela encontrou-se grávida pela ação do Espírito Santo" (Mt 1,18b). Os exegetas ainda discutem para saber se o matrimônio de São José com a Santíssima Virgem ocorreu antes ou depois da encarnação. A maioria dos comentadores, seguindo Santo Tomás de Aquino, opinam que, na Anunciação, a Virgem Maria estava somente prometida a São José e que o matrimônio sucedeu depois. Na tradição judaica, a promessa solene de casamento da Virgem Maria e São José significa mais que um noivado: supõe um compromisso tão real que o prometido era chamado de "marido", e não podia ficar livre senão pelo repúdio (cf. Mt 1,19).

Assim, José e Maria se amaram livremente e são um modelo de casal para toda família cristã. Seu amor conjugal foi elevado, pelo amor divino, a tal grau de perfeição que Jesus o consagrou com sua presença. Vamos conhecer agora

---

[1] SÃO JOÃO PAULO II, *Carta Apostólica Redemptoris Custos*, n. 7.

por que o amor entre São José e a Virgem Maria deve ser qualificado de virginal.

São José, esposo virginal de Maria

O amor virginal de José por Maria não aparece explicitamente nos Evangelhos, a não ser como correspondência com duas verdades da fé católica: a filiação divina de Jesus e a virgindade de Maria, antes e depois de seu matrimônio. Com o amor virginal entre São José e a Virgem Maria, aparece a novidade do amor divino que Cristo veio inaugurar. Hoje, o tema do amor virginal está fora de moda, e eu diria até que sempre esteve, porque é uma novidade perpétua, que traz consigo a fecundidade do amor divino. A novidade da Nova Aliança na Sagrada Família consiste em unir o amor conjugal e a virgindade. Levou tempo para que a Igreja entendesse esse amor virginal entre São José e a Virgem Maria.

No século II, uma primeira tentativa de compreender a relação entre São José e a Virgem Maria levou a representar São José como um homem ancião e viúvo. Alguns relatos apócrifos[2] trazem a versão de que São José era ancião quando se casou com a Virgem, e numerosas representações iconográficas seguiram esta tese. A razão de pretender um São José muito idoso talvez responda à dificuldade de se aceitar uma relação virginal entre dois jovens esposos.

---

[2] Alguns apócrifos – escritos não canônicos e não inspirados – do século II, como o Protoevangelho de São Tiago (9,2) e o Pseudo-Mateus, o livro da natividade de Maria e a história de São José apresentam São José com a aparência de um ancião viúvo que teve vários filhos e filhas.

Sem dúvida, segundo a tradição judaica, São José não podia ser idoso para ser esposo de uma donzela jovem, de cerca de dezesseis anos. O Talmud, que explica a tradição judaica, recomenda casar-se cedo, com a idade de dezoito anos, uma vez que o futuro esposo e pai deve satisfazer as necessidades materiais da família. Assim diz o texto do Talmud: "Um homem deve primeiro construir sua casa, plantar um vinhedo e logo casar-se". Além disso, o Talmud condena a excessiva diferença de idade entre os esposos. Em paralelo, quando se leva em consideração as tribulações da viagem a Belém, a fuga para o Egito e o retorno a Nazaré, não resulta muito provável que se trate de um ancião. Assim, é mais provável que São José fosse um homem jovem, capaz de enfrentar as difíceis situações que apareceram como pai de Jesus, e não como seu avô. De fato, São Lucas escreve: "Jesus... era, segundo se acreditava, filho de José". Desde a origem, uma sólida tradição cristã mantém a imagem de um José jovem e virgem, como pinturas nas catacumbas e escritos dos Padres da Igreja.[3] O Magistério da Igreja, como tal, nunca deu respaldo à tese de um São José idoso, viúvo e com filhos; ao contrário, assumiu como própria a tese oposta, que é mais coerente com os relatos evangélicos da infância.

---

[3] Uma imagem de São José jovem está em uma pedra de sepulcro do século III, nas catacumbas de Santo Hipólito, e outra no sarcófago de São Celso em Milão, do século IV. Famosos Padres da Igreja como São Jerônimo e Santo Agostinho, afirmam a virgindade de São José como algo certo.

Segundo São Pedro Damião, doutor da Igreja do século XI, a virgindade de São José é uma verdade dentre as que "há de se incluir entre as que são de fé":

> Ignoras, acaso, que o Filho de Deus de tal maneira elegeu a limpeza da carne que nem sequer se encarnou da castidade conjugal, mas de uma fidelidade virginal? E para que não parecesse bastar que só fosse virgem a Mãe, é esta a fé da Igreja, que fosse virgem também quem representava ser seu pai. Santo Tomás de Aquino, em sua leitura do primeiro capítulo da Carta aos Gálatas, acentua: "Se o Senhor quis confiar a guarda de sua mãe virgem[4] somente a um discípulo virgem,[5] não é possível sustentar que seu esposo não fosse virgem".[6]

Além disso, se Jesus tivesse irmãos, não poderia ter confiado a sua mãe ao discípulo amado ao pé da cruz. Portanto, a virgindade de São José, antes e depois de seu matrimônio com a Virgem Maria, não aparece explicitamente nas Sagradas Escrituras, o que é muito coerente com as verdades da filiação divina de Jesus e da virgindade da Mãe de Deus. Em uma de suas catequeses, São João Paulo II

---

[4] A Igreja sempre afirmou a virgindade de Maria durante sua vida.

[5] Ao pé da Cruz, Jesus confia sua mãe ao discípulo amado, no Evangelho segundo João 19,26. De acordo com a tradição, esse discípulo era jovem, então virgem, conforme era comum na época.

[6] SANTO TOMÁS DE AQUINO, *El Aquinense*, edição Marietti, parágrafo 48.

disse: "É o caso de supor que a perfeição interior de São José, fruto da graça, o levasse a viver com afeto virginal a relação esponsal com Maria".[7]

Devemos reconhecer que a vocação de São José é excepcional, devido a sua intimidade com o mistério da encarnação. Qual é a mensagem de seu amor virginal para nós hoje? São João Paulo II responde: "José e Maria, precisamente em vista da sua contribuição ao mistério da encarnação do Verbo, receberam a graça de viver juntos o carisma da virgindade e o dom do matrimônio".[8] Esse amor virginal é sinal de contradição no mundo erotizado, onde a sensualidade é irracional e a privação do prazer, legítimo ou não, é considerada frustrante e contrária à felicidade humana.

O amor virginal de São José destaca a novidade permanente do matrimônio cristão, no qual o amor humano é elevado pelo amor divino e neste encontra sua fecundidade e seu cumprimento. O amor matrimonial realiza a comunhão no respeito mútuo de pessoas, e para isso passa por tempos de abstinência dos atos conjugais. Paulatinamente, os apetites da carne são ordenados ao bem das pessoas no plano do amor de Deus. Nesse contexto matrimonial, a abstinência sexual periódica é sinal de maturidade e de liberdade da pessoa, até a realização da comunhão com seu parceiro, à imagem e semelhança de Deus (cf. Gn 1,27).

---

[7] SÃO JOÃO PAULO II, Catequese do dia 21 de agosto de 1996.
[8] Ibidem.

O amor virginal entre Maria e São José é um modelo para os casais que praticam a continência periódica atualmente, renunciando aos prazeres legítimos e inclinando-se para a procriação responsável que racionaliza o mandamento divino: "Sede fecundos e multiplicai-vos" (Gn 1,28a). É pertinente resenhar o testemunho de um esposo que, devido a um problema de saúde de sua esposa, vivia a continência sexual. Dizia que era possível vivê-la, ainda que não a tivesse escolhido, e, com a graça de Deus, não viu afetado seu amor conjugal.

O amor virginal de São José comprova a grande conveniência do celibato para os ministros que celebram a Eucaristia, Corpo e Sangue sacramental de Jesus.[9] É belo notar a consciência que se desenvolveu na Igreja de que os que tocam ao Senhor, neste Santíssimo Sacramento, devem revestir a maior pureza de alma e corpo, a exemplo da Virgem Maria e de São José. A fecundidade da virgindade de São José demonstra que a fecundidade de uma vida vai além do carnal, pois destaca o valor do celibato para o Reino, como também a vida solteira na Igreja. Assim afirma São João Paulo II, ao falar da continência pelo Reino dos céus:

---

[9] O Papa Pio XII, em sua *Carta Encíclica sobre a Virgindade* (1954), na parte intitulada "Motivo sacerdotal", escreve: "Referindo-se a esta perfeita continência, admoestava São Pedro Damião (séc. XI) aos sacerdotes com esta pergunta: 'Se, pois, Nosso Redentor de tal maneira amou a flor de um pudor intacto, que não quis apenas nascer de entranhas virginais, mas também estar confiado aos cuidados de um pai adotivo virgem', e isto quando, ainda criança, chorava no berço, por quem, diz-me, desejará que seja tratado seu corpo agora que reina na imensidão dos céus?'".

> O matrimônio de Maria e José, contraído em perfeita comunhão de pessoas dentro do mistério virginal que o acompanha, é um primeiro exemplo dessa fecundidade espiritual que vai além da fecundidade carnal. Com efeito, na decisão virginal dos esposos – que se separam das avaliações seguidas no Antigo Testamento – realiza-se o dom da encarnação do Verbo Eterno.[10]

Assim, o amor virginal entre São José e a Virgem Maria é um exemplo para todos: em primeiro lugar, para os matrimônios e, depois, para os consagrados no celibato. Ensina-nos que o fundamento da união conjugal está na comunhão dos corações com o amor divino. Então, para os esposos, a união de corpos é uma expressão desse amor divino, que é fonte de toda família cristã.

A Sagrada Família, modelo de família cristã

A santidade do casal formado por José e Maria é a obra mestra de Cristo na nova criação, assim como Adão e Eva o foram na primeira criação. Juntos em sua comunhão de amor, Maria e José refletem essa imagem perfeita de Deus que enviou seu Filho para que vivesse entre eles (cf. Jo 1,14). O Papa São Paulo VI gostava de associar Maria e José ao serviço da inauguração da Nova Aliança que Jesus veio estabelecer:

---

[10] SÃO JOÃO PAULO II, em sua *Audiência Geral* de 24 de março de 1982.

> Nesta grande obra de renovação de todas as coisas em Cristo, o matrimônio purificado e renovado converte-se em uma realidade nova, no sacramento da Nova Aliança. E eis aqui no umbral do Novo Testamento, como já no começo do Antigo, há um casal (José e Maria). Porém, enquanto lá o de Adão e Eva havia sido fonte do mal que inundou o mundo, o de José e Maria constitui o vértice por meio do qual a santidade alastra-se por toda a terra. O Salvador iniciou a obra de salvação com esta união virginal e santa, na qual se manifesta sua onipotente vontade de purificar e santificar a família, santuário de amor e berço da vida.[11]

Para São João Paulo II, a Sagrada Família é o modelo de todas as famílias cristãs: "Dado que, em última instância, a essência da família e seus deveres estão definidos pelo amor",[12] é na Sagrada Família que toda família cristã deve encontrar seu reflexo. Nela, de fato, por um misterioso plano de Deus, o Filho de Deus viveu oculto durante muitos anos; ela é, pois, modelo e exemplo de todas as famílias cristãs.[13]

Assim, em seu amor virginal conjugal, José é o autêntico esposo de Maria. Além disso, esse amor simboliza o mistério da Igreja, virgem e esposa. Deixemos as palavras

---

[11] SÃO PAULO VI, discurso ao movimento "Equipas" de Nossa Senhora", no dia 4 de maio de 1970.
[12] SÃO JOÃO PAULO II, *Exortação apostólica Familiaris consortio*, n. 17.
[13] SÃO JOÃO PAULO II, *Carta Apostólica Redemptoris Custos*, n. 7.

de conclusão a São João Paulo II: "A virgindade e o celibato pelo Reino de Deus não somente não contradizem a dignidade do matrimônio como também a pressupõem e a confirmam".[14] Portanto, o matrimônio e a virgindade são dois modos de expressar e viver o amor de Deus por seu povo.

---

[14] SÃO JOÃO PAULO II, *Exortação apostólica Familiaris Consortio*, n. 16. Neste mesmo parágrafo, São João Paulo II continua: "Quando não se estima o matrimônio, não pode existir também a virgindade consagrada; quando a sexualidade humana não se considera um grande valor doado pelo Criador, perde significado a renúncia pelo Reino dos Céus. Com efeito, disse acertadamente São João Crisóstomo: 'Quem condena o matrimônio, priva também a virgindade de sua glória; mas quem o louva, faz a virgindade mais admirável e luminosa. O que parece um bem, somente em comparação com um mal, não é um grande bem; porém, o que é melhor, e por todos considerado como tal, é certamente um bem em grau superlativo'".

Oração

Deus te salve, José,
cheio da graça divina!

Entre teus braços descansou
o Salvador e diante de teus olhos ele cresceu.

Bendito és entre todos os homens,
e bendito é Jesus, o Filho
divino de tua virginal esposa.

São José, pai adotivo de Jesus,
ajuda-nos em nossas necessidades
familiares, de saúde e de trabalho,
até o fim de nossos dias,
e socorre-nos na hora de nossa morte.
Amém.

Para refletir

A partir da meditação:
O que lhe revelou São José sobre a vocação cristã de esposo?
O que lhe revelam São José e a Virgem Maria sobre a vocação cristã no matrimônio?

Dia 4

São José, anunciado no Antigo Testamento

Em nome do Pai, do Filho e do Espírito Santo. Amém.

Oração (pessoal ou em grupo, p. 133)

Escolher alguma oração disponível.

Leitura espiritual (pessoal ou em grupo)

Os evangelistas estão muito atentos para mostrar como na vida de Jesus tudo acontece segundo o plano divino. A fórmula repetida: "Assim aconteceu, para se cumprirem...", seguida da referência do acontecimento descrito no Antigo Testamento, destaca a unidade e a continuidade do plano de Deus, que alcança em Cristo seu cumprimento. Com o evento da encarnação do Verbo Divino, as promessas e as figuras do Antigo Testamento se tornam realidade nos lugares, nos eventos e nos protagonistas.

Maria Santíssima é a humilde serva do Senhor, filha de Sião, preparada desde a eternidade para ser a Mãe de Deus. São José é aquele que Deus escolheu para providenciar a inserção do Filho de Deus neste mundo – o início da vida de Jesus foi confiado a sua proteção. Os personagens do Antigo Testamento podem ajudar a conhecer melhor o mistério da vida e da paternidade de José de Nazaré. Por isso, na reflexão, contemplaremos como patriarcas e profetas do Antigo Testamento antecipam a São José como esposo da Virgem Maria. Depois destacaremos como o título "filho de Davi" se ajusta a São José. Finalmente, mostraremos como São José é o primeiro dos patriarcas do Novo Testamento.

Figuras de São José no Antigo Testamento
A fé e a confiança de Abraão

A genealogia que abre o Evangelho segundo Marcos começa com a pessoa de Abraão: "Livro da origem de Jesus Cristo, filho de Davi, filho de Abraão: Abraão gerou Isaac", e termina com "José, o esposo de Maria, da qual nasceu Jesus, que é chamado o Cristo" (Mt 1,1-2a.16). Abraão é o primeiro dos patriarcas da primeira Aliança, e quem acreditou na palavra e nas promessas do Senhor, "que levou isso em conta de justiça" (Gn 15,6). Na genealogia, José, esposo de Maria, aparece como o último dos patriarcas, aquele que inaugurou a Nova Aliança. Compara-se José com Abraão, como Jesus com Isaac, filho de Abraão; estes dois últimos sendo filhos da promessa e do sacrifício. Assim como Abraão recebe a Palavra de Deus em uma visão, para não temer e saber que um filho sairá de suas entranhas (Gn 15,1.4), também o anjo aparece a José em sonho, para que não tema e receba Maria grávida como esposa: "José, filho de Davi, não tenhas receio de receber Maria, tua esposa; o que nela foi gerado vem do Espírito Santo" (Mt 1,20b).

Jesus, assim como Isaac, nasceu milagrosamente de uma mulher, ainda que não fosse de uma mulher estéril como Sara, mas da Virgem Maria. A gravidez é milagrosa em ambos os casos, e o anúncio do anjo é muito parecido. Deus disse a Abraão: "Sara, tua mulher, te dará um filho, a quem chamarás Isaac" (Gn 17,19), enquanto a José o anjo ordenou pôr no menino o nome de Jesus (cf. Mt 1,21). Abraão acreditou na promessa de uma descendência "tão numerosa como as estrelas do céu" (Gn 22,17). Apesar disso, a verdadeira descendência de Abraão é Cristo, o Messias, e os que creem nele, tal como o explica São Paulo aos Gálatas: "Assim ficai sabendo que os que creem é que são verdadeiros filhos de Abraão" (Gl 3,7), creem em Cristo. Nessa descendência, José de Nazaré é a pessoa que transmite a Jesus a filiação legal de Abraão. Portanto, Abraão é um espelho das virtudes essenciais de São José: a fé, a obediência e a confiança inquebrantável na palavra e nas promessas de Deus.

O patriarca José, confidente dos desígnios de Deus

O patriarca José, bisneto de Abraão, vendido por seus irmãos e convertido em primeiro-ministro do faraó, tinha sonhos proféticos. São Bernardo comentou o paralelo entre as vidas do patriarca e de José de Nazaré:

> Ao patriarca José foi dada a inteligência dos sonhos (interpretou os sonhos do faraó e ajudou, assim, o povo egípcio ameaçado pela fome, em Gn 40 e 41); a José, esposo de Maria, foi concedido ser o confidente dos

desígnios do céu e, de sua parte, cooperar com eles. Um, sendo mordomo no Egito, armazenou o trigo, não para si mesmo, mas para todo o povo; o outro recebeu a custódia do pão vivo que deve dar vida ao mundo inteiro (Jn 6,51).[1]

O patriarca José, buscando o pão para o povo em tempos de fome, é uma figura do Salvador. José de Nazaré, criando Jesus, Pão da vida, entrega a seu povo o pão da Salvação.

A mansidão de Moisés

A herança de Moisés foi perfeitamente vivida por São José. Os Evangelhos da infância de Jesus destacam que São José era um homem justo que cumpriu a Lei de Moisés em várias oportunidades: a circuncisão e apresentação de Jesus no Templo, a purificação de Maria, as peregrinações ao Templo. Além disso, São José era manso como Moisés, que "era homem muito humilde, mais do que qualquer pessoa sobre a terra" (Nm 12,3); São José era servo fiel como

---

[1] A São Bernardo, *Homilia* 2ª, n. 16, Deus confiou o maior segredo. São Bernardo escreveu também: "E José, vendido por seus irmãos que o odiavam e o levaram para o Egito, era a figura de Cristo que também iria ser vendido; nosso José, esposo de Maria, por sua vez, para fugir do ódio de Herodes, levou Cristo para o Egito. O primeiro, para permanecer fiel ao seu amo, não quis partilhar da cama da mulher dele (a qual colocou seus olhos em José e lhe propôs 'deita-te comigo', em Gn 39,7-23); o segundo, reconhecendo em sua mulher a mãe do seu Senhor, a Virgem Maria, por si só observou fielmente as leis da continência".

Moisés, "homem de confiança em toda a minha casa. Com ele falo face a face, às claras e não em enigma, ele contempla a forma do Senhor" (Nm 12,7-8). Essas qualidades de mansidão e fidelidade, no cuidado do dom que lhe foi confiado, encontram-se maravilhosamente em São José, o qual viveu sob o mesmo teto a plenitude da graça e da verdade (Jo 1,14).

Assim, São José cumpre vários aspectos da vida de figuras do Antigo Testamento, sendo o patriarca que inaugura a Nova Aliança, como fiel protetor do mistério da encarnação e da infância do Verbo de Deus. José é um dos "pobres do Senhor" que formam "o pequeno resto de Israel", que busca refúgio no nome do Senhor. Como pobre do Senhor, São José é o humilde servo que espera tudo de Deus e que está disponível para receber a vinda do Messias.

São José, filho de Davi

Em todas as partes das Sagradas Escrituras, o Messias é apresentado como "filho de Davi", e, por meio de São José, Jesus entra na filiação davídica, segundo a promessa de Deus. Mateus começa seu Evangelho contando a genealogia de São José, remontado a Davi, para justificar a linhagem messiânica de Jesus: "Livro da origem de Jesus Cristo, filho de Davi. [...] José, o esposo de Maria, da qual nasceu Jesus, que é chamado o Cristo" (Mt 1,1.16). Com efeito, a tradição judaica acreditava que o Messias descenderia da linhagem do rei Davi, segundo a promessa feita a este pelo profeta Natan: "Quando chegar o fim dos teus dias e repousares com teus pais, então suscitarei um descendente para te suceder, saindo de tuas entranhas, e consolidarei seu reinado. Tua casa e teu reino serão estáveis para sempre diante de mim; teu trono será firme para sempre" (2Sm 7,12.16). O primeiro livro de Crônicas confirma essa profecia (cf. 1Cr 17,1-15), bem como o profeta Amós (9,11). Assim, é por meio de São José, da "família e da descendência de Davi" (Lc 2,4), que se dá a eleição divina do Messias e, em consequência, o cumprimento de todas as promessas em Jesus Cristo.[2]

Além disso, é relevante destacar a figura de humildade e de paternidade que se contempla no rei Davi e em São José. Deus disse pela boca do profeta Samuel: "Encontrei Davi, filho de Jessé, homem segundo o meu coração, que vai realizar tudo o que desejo" (At 13,22b, citando o Sl 13,14), e dará a Davi a glória de ter por filho o sábio rei Salomão. Essas características de humildade e de paternidade de Davi se encontram em São José, modelo de humildade

---

[2] Além disso, José não é meramente descendente de Davi, mas "da família e da descendência de Davi" (Lc 2,4). É, segundo uma interessante hipótese – que ainda está por validar-se –, um dos membros de certo grupo de príncipes legítimos, herdeiros do trono de Davi. Esta hipótese reforçaria a importância do título com o qual o anjo se dirige a José no relato de Mateus: "Filho de Davi" (Mt 1,20). Estas considerações se unem ao que os especialistas desenvolveram sobre a etimologia do nome "Nazaré", em torno da raiz hebraica NSR, que pode significar "consagração" e que alude à unção do Messias. A residência de verão dos herdeiros de Davi, no Reino do Norte, poderia ter estado em Megido, perto de Nazaré. Esta hipótese foi apresentada durante o colóquio "Arqueologia, história e patrimônio cultural de Nazaré" (2010), em Nazaré.

na simplicidade da vida em Nazaré, no cumprimento da vontade de Deus, e de proteção ao Rei do universo e Criador de todas as coisas. O próprio Jesus se comparou com Salomão ao dizer: "Aqui está quem é maior que Salomão" (Mt 12,42b).

Quando José, descendente de Davi, morreu, Jesus pôde assumir totalmente o título de "filho de Davi" e começar sua missão pública. Em seu discurso programático na sinagoga de Nazaré, apresenta-se como o Cristo: "O Espírito do Senhor está sobre mim, pois ele me consagrou com a unção" (Lc 4,18). A partir daí, Jesus será chamado pelo nome messiânico de filho de Davi: "Jesus, filho de Davi, tem compaixão de mim" (Lc 18,38.39); vai se revelar ao mundo como o ungido, como "o rei dos judeus", especialmente em sua paixão e morte na cruz (cf. Lc 23,3; 37–39; Jo 18,33); e receberá nos escritos do Novo Testamento o nome de Jesus Cristo (Jesus, o Messias).

São José, primeiro patriarca do Novo Testamento

São João, o Batista, é o precursor de Jesus, "o maior dos profetas" do Antigo Testamento, e permaneceu às portas do Novo. Mesmo assim, o filho de Isabel não teve o privilégio de partilhar da existência de Jesus e da Virgem Maria. São José não viu de longe o Salvador, "o Cordeiro de Deus", como João Batista (Jo 1,36), mas o levou nos braços e cuidou dele em tudo. Assim, São José é, com Maria, o primeiro a pertencer ao Reino do céu que Jesus veio inaugurar.

Ao mesmo tempo, José é o último dos patriarcas do Antigo Testamento – já vimos seus traços comuns com Abraão e José – e o primeiro dos patriarcas do Novo Testamento.

Bossuet, famoso pregador do século XVII, vê nas Escrituras duas vocações,

> que parecem diretamente opostas: a primeira, a dos apóstolos; a segunda, a de São José. Jesus se revela aos apóstolos, Jesus se revela a José, porém em condições muito opostas. Revela-se aos apóstolos para anunciá-lo em todo o universo; revela-se a José para mantê-lo calado e oculto. Os apóstolos são luzes para mostrar Jesus ao mundo; José é um véu que o cobre: e debaixo desse véu misterioso se esconde a virgindade de Maria e a grandeza do Salvador das almas.[3]

São José é o véu que protege a chama do amor de Deus no Menino Jesus e, com Maria, vai prepará-lo para seu ministério público, a fim de ele brilhar no mundo através dos apóstolos.

Então, São José é o homem de Israel mais próximo do mistério da encarnação, pois realizou em sua vida vários aspectos da vocação de patriarcas e profetas do Antigo Testamento; é um autêntico homem manso e humilde, pobre do Senhor, justo diante de Deus e das pessoas, como o chama a Sagrada Escritura.

---

[3] BOSSUET, J. B., *Sermones sobre San José*, 19 de março de 1657.

Oração

Deus te salve, José,
cheio da graça divina.

Entre teus braços descansou o Salvador
e diante de teus olhos ele cresceu.

Bendito és entre todos os homens,
e bendito é Jesus o Filho divino
de tua virginal esposa.

São José, pai adotivo de Jesus,
ajuda-nos em nossas necessidades
familiares, de saúde e de trabalho,
até o fim de nossos dias
e socorre-nos na hora de
nossa morte.
Amém.

Para reflexão

O plano de amor de Deus na história realiza-se na vida de cada pessoa.

Quando contemplo a vida de Abraão, José, Moisés, Davi e São José, esposo de Maria, quais são os aspectos que me sinto chamado a cumprir em minha vida cotidiana?

Dia 5

São José, modelo de trabalhador

Em nome do Pai, do Filho e do Espírito Santo. Amém.

Oração (pessoal ou de grupo, p. 133).

Escolher alguma oração disponível.

Leitura espiritual (pessoal ou em grupo)

No dia 1º de maio de 1955, o Papa Pio XII instituiu a memória de São José Operário, patrono dos trabalhadores, diante de um grupo de operários reunidos na Praça de São Pedro, na cidade do Vaticano. O trabalho humano é parte importante da vocação cristã e ocupa lugar central no dia a dia. Não se pode pensar na santidade sem a santificação no trabalho, como Jesus o ensina em sua vida em Nazaré. Ele, que veio para resgatar e salvar a humanidade, escolheu passar uns anos de vida oculta, trabalhando com seu pai adotivo, e apenas três anos em seu ministério público. Nesta reflexão, contemplaremos o trabalho de São José como expressão de amor, o trabalho como vocação e dignidade da pessoa humana e o descanso merecido do trabalhador com a devoção a São José adormecido.

O trabalho de São José, expressão de amor

O trabalho é a expressão cotidiana do amor na vida da Sagrada Família. O texto evangélico esclarece que São José assegurava a manutenção da família como carpinteiro. Para indicar o tipo de trabalho de São José, a palavra grega que aparece em São Mateus e São Marcos (Mt 13,55; Mc 6,3) é *tekton*, a qual significa "artesão" ou "mestre de obra" em pedra ou madeira, que convém ser traduzida por "carpinteiro". Os Padres da Igreja, com São Justino[1] e a tradição, aceitaram a interpretação de carpinteiro que a maioria dos estudiosos contemporâneos segue. O trabalho de carpinteiro era humilde, porém reconhecido pela sociedade; então se pode dizer que não faltava o essencial para viver dignamente na casa da Sagrada Família.

A palavra "carpinteiro" abrange toda a vida de José, como o trabalho de um artesão ou de um trabalhador independente. Os anos de vida oculta de Jesus estavam dedicados ao trabalho com José, como indica o texto evangélico depois do regresso de Jerusalém: "Jesus desceu, então, com seus pais para Nazaré e era obediente a eles" (Lc 2,51). Essa "submissão" de Jesus na casa de Nazaré deve ser entendida também como participação dele no trabalho de São José, pois o "filho do carpinteiro" tinha aprendido o trabalho de seu pai adotivo. Então, se a Sagrada Família de Nazaré, de acordo com a salvação e a santidade, é modelo para as famílias humanas, o é também o trabalho de Jesus ao lado de São José, o carpinteiro.

---

[1] SÃO JUSTINO, Dial Cum Tryph., IXXXVIII, em P.G., VI, 688.

A Igreja colocou esse fato em evidência com a festa de São José Operário, em 1º de maio, para valorizar positivamente o trabalho e afirmar que se trata de verdadeira vocação humana. Antes de trabalhar por necessidade prática, o homem e a mulher têm vocação ao trabalho que auxilia o seu crescimento humano e espiritual. O trabalho humano e, em particular, o trabalho manual, tem no Evangelho significado especial, que merece nossa atenção para compreendê-lo como um verdadeiro dever do cristão. Junto com a humanidade do Filho de Deus, o trabalho tomou parte no mistério da encarnação e também foi redimido por Jesus de modo particular.

Assim, o trabalho era para José não apenas ocasião de ganhar o sustento para si e sua família como também uma excelente ocasião para servir a Deus e a seu próximo. São José é um modelo de trabalhador acessível a todos: "São José é o modelo dos humildes, que o cristianismo enaltece para grandes destinos; [...] é a prova de que, para ser bons e autênticos seguidores de Cristo, não se necessitam 'grandes coisas', mas requerem-se somente virtudes comuns, humanas, simples e autênticas".[2] As características da vida laboral de José, como a humildade, a obediência e a generosidade, permitem ver um quadro contemplativo e ativo. Assim, contemplando os mistérios de Deus em seu próprio lar de Nazaré, São José prolonga essa atitude de contemplação, em reverência ao realizar seus afazeres cotidianos no trabalho diário e em sua ação. Aparece, então, como modelo magnífico para nosso tempo.

---

[2] SÃO JOÃO PAULO II, *Carta Apostólica Redemptoris Custos*, n. 24.

O trabalho, vocação e dignidade do ser humano

O trabalho é parte da vocação do homem e da mulher, e não há vida humana digna sem trabalho de qualquer tipo. Em nosso mundo, o trabalho é bastante desconsiderado devido a seu lado penoso, ou às crescentes injustiças sociais que geram sempre mais vítimas. Sem dúvida, no plano de Deus, o trabalho tem o valor positivo de colaborar na obra do Criador e de santificar o mundo. Por isso, trabalhar trata-se da santificação da vida cotidiana, que cada pessoa alcança segundo seu próprio estado.

A importância do trabalho na vida humana faz parte do plano de Deus para continuar a obra criadora. O livro do Gênesis diz: "Deus criou" (Gn 1,27). Deus é o Criador do universo, criou o homem e a mulher como obra mestra e lhes deu a missão de administrar sua obra de criação e levá-la adiante por seu trabalho. A palavra *trabalho* é a que a Bíblia usa para descrever essa atividade de Deus. "No sétimo dia, Deus concluiu toda a obra que tinha feito" (Gn 2,2). E deu essa atividade ao homem: guardar o jardim e cultivá-lo, trabalhar com Deus para continuar a obra, dar um nome a cada criatura e governá-las em seu lugar (cf. Gn 2,15.19-20). Tanto é assim que o trabalho humano é realmente a continuação do trabalho de Deus.

Como consequência, o trabalho é o que faz a pessoa ser imagem de Deus, caminhar com ele à sua semelhança, porque com o trabalho o ser humano é um cocriador, sendo capaz de criar, inclusive, uma família para seguir adiante.

A vocação humana é criar com seu trabalho. Depois, o relato bíblico da criação acrescenta que "Deus viu tudo quanto havia feito e achou que era muito bom" (Gn 1,31). Quer dizer que o trabalho, quando colabora com a obra divina, tem em si mesmo uma bondade, uma beleza, uma sabedoria, e cria harmonia e comunhão entre as coisas. Como é uma vocação, o trabalho envolve o ser humano em tudo, em seu pensamento, em sua palavra e em sua ação. É a vocação que dá dignidade ao homem e a mulher, e a alegria de levar adiante a criação e caminhar à semelhança de Deus.

Certa vez o Papa Francisco comentou[3] que um empregado da Cáritas havia dito a um homem que não possuía trabalho e que tinha ido buscar ajuda para sua família: "Pelo menos pode levar o pão para sua casa", e o homem respondeu: "Porém, para mim, isso não basta, não é suficiente. Quero ganhar meu próprio pão para levá-lo para casa". A esse homem faltava a dignidade de "fazer" o pão ele mesmo, com seu trabalho, e levá-lo para casa. A dignidade do trabalho está tão pisoteada que muita gente no mundo moderno está perdendo o sentido da própria vida. Além disso, tantas pessoas não são livres para trabalhar, mas são obrigadas a isso para sobreviver, nada mais. Existem trabalhos injustos, mal remunerados e que levam a pessoa a viver com a dignidade pisoteada. É uma nova forma de escravidão contemporânea que é nossa miséria, porque desumaniza em vez de avançar no progresso humano. Toda

---

[3] Ver a homilia do Papa Francisco do dia 1º de maio de 2020.

injustiça que se comete contra uma pessoa que trabalha é um atropelo à dignidade humana, inclusive, à dignidade de quem comete a injustiça.

Ao contrário, a vocação que Deus nos oferece é muito bela: criar, *recriar* pelo trabalho humano. Pelo seu trabalho com Jesus, São José aproximou o trabalho humano ao mistério da redenção. Quando se fez homem, Jesus santificou o trabalho, elevando-o a um nível de grandeza que não existia antes da sua encarnação. Em Jesus, Deus humilhou a si mesmo, fez-se homem e trabalhou como homem. Em sua humanidade, Jesus aprendeu a trabalhar como homem, imitando o trabalho de seu pai São José. Em Jesus, com a ajuda de São José, isso significa que o trabalho não somente continua a obra da criação como também colabora com Cristo na obra da salvação.

O descanso do justo José

A simples observação da imagem de São José adormecido, que o Papa Francisco tem no seu escritório, revela um significado muito profundo: toda mulher e todo homem trabalhador necessitam e merecem um bom descanso. Dormir bem unido a Deus é importante para trabalhar bem, para que o trabalho seja colaboração na obra do Criador. Como canta o Salmo 127, a união com Deus dia e noite é essencial para realizar nossa obra no seu plano: "Se o Senhor não construir a casa, é inútil o cansaço dos pedreiros. Se não é o Senhor que guarda a cidade, em vão vigia a sentinela. É inútil madrugar, deitar tarde, comendo um pão ganho com suor; a quem o ama, ele o concede enquanto dorme" (Sl 127[126],1-2).

Deus deleita-se com seus filhos quando estão dormindo. Na vida de São José, Deus escolheu falar-lhe enquanto dormia. Em quatro ocasiões e por meio de um anjo, Deus comunicou a São José mensagens muito importantes, enquanto este dormia; o sono do esposo da Virgem Maria é sua oração, o lugar onde Deus dialoga com ele. A imagem de São José adormecido pode ser entendida no contexto evangélico da anunciação a São José. Ele era um homem do bem, não duvidava da honestidade de Maria, mas, quando soube da gravidez dela, resolveu repudiá-la em segredo, para evitar a vergonha pública e a punição com a morte. Depois do diálogo com Deus em seu sono, porém, recebe a paz e toma a decisão de acolhê-la em sua casa. Então, o sono de São José é o merecido descanso de um carpinteiro justo e trabalhador, que era dócil à Lei do Senhor dia e noite. Não é o sono de um indolente que dormia debaixo de uma árvore apenas para esperar que a fruta caísse em sua boca, mas o sono do justo que busca a vontade do Senhor.

Assim, na vida do justo é o Senhor quem trabalha e a pessoa, a que colabora com a obra de Deus. Na imagem de São José adormecido, contempla-se a fecundidade do homem justo – e não a eficácia que não colabora, mas, antes, que atua até ver o resultado em si mesmo –, o qual cumpre as leis do Senhor, mesmo durante o sono. É o que se aprecia na devoção especial do Papa Francisco pelo Patrono, que colocava debaixo da imagem de São José adormecido papeizinhos escritos com o problema que tivera. Essa prática, que continuou em muitos lugares e oficinas dos fiéis católicos, é um ato de fé em Deus pela intercessão de São José; uma autêntica devoção católica na Providência de Deus, que dá paz a quem confia nele.

São José trabalhador nos ensina que o trabalho é parte do crescimento humano até a felicidade. O crescimento humano de Jesus "em sabedoria, idade e graça" representou a virtude da laboriosidade, que transforma a natureza e que faz a pessoa "em certo sentido ser mais pessoa".[4] O trabalho é um bem para o homem e a mulher. O caminho de formação da pessoa perfeita em Cristo passa pelo dom generoso de si, no trabalho, o qual nos ensina que o caminho da santificação passa pelo trabalho. Verdadeiramente, a Igreja viu em São José aquele que ensinou Jesus a trabalhar, um modelo magnífico de homem do trabalho.

---

[4] SÃO JOÃO PAULO II, *Carta Apostólica Redemptoris Custos*, n. 23.

Oração

Deus te salve, José,
cheio da graça divina.

Entre teus braços descansou o Salvador
e diante de teus olhos cresceu.

Bendito és entre todos os homens
e bendito é Jesus, o Filho divino
de tua virginal esposa.

São José, pai adotivo de Jesus,
ajuda-nos em nossas necessidades
familiares, de saúde e de trabalho,
até o fim de nossos dias,
e socorre-nos na hora de nossa morte.
Amém.

Para reflexão

Como posso aumentar a dignidade humana de meu trabalho e de meus companheiros?

Como experimento a presença de Jesus em meu tempo de diversão e descanso? Dou espaço a Jesus para conversar com ele?

Dia 6

O coração do pai São José

Em nome do Pai, do Filho e do Espírito Santo. Amém.

Oração (pessoal ou em grupo, p. 133)

Escolher alguma oração disponível.

Leitura espiritual (pessoal ou em grupo)

São José recebeu a missão de ser pai e protetor de Jesus, o filho de Maria. Este título de São José merece ser bem entendido para não ocultar a paternidade do Pai celestial de Jesus e valorizar a autêntica paternidade do esposo de Maria. Contemplaremos alguns traços da paternidade de José, que representa um modelo para os pais de família e para toda forma de paternidade espiritual, como no sacerdócio ministerial.

São José, pai autêntico de Jesus

A concepção virginal de Jesus e a virgindade perpétua da Virgem Maria levaram alguns a pensar que São José não era nem pai nem esposo, como os demais homens casados. Por não ser pai biológico de Jesus e por não unir-se carnalmente com sua esposa, segundo a fé católica, pensaram que sua paternidade sofreu carências; portanto, não podia ser exemplo para a vida cristã comum. Outros pensaram que falar de São José esconderia a figura do Pai celestial de Jesus, que é evidente nos Evangelhos. Em sonho, o anjo ordena a São José fugir com Maria e seu filho, porém permanece silencioso sobre a paternidade de São José: "Levanta-te, toma o menino e sua mãe" (Mt 2,13). Contudo, São João Paulo II considera autêntica a paternidade humana de São José:

> A família de Nazaré, inserida diretamente no mistério da encarnação, constitui um mistério especial. E – como a encarnação – a este mistério pertence também uma verdadeira paternidade: a forma humana da família do Filho de Deus, verdadeira família humana formada pelo mistério divino. Nesta família José é pai: não é a sua paternidade derivada da geração; e, contudo, não é "aparente" ou somente substitutiva, mas que possui plenamente a autenticidade da paternidade humana e a missão paterna na família.[1]

São José era a paternidade silenciosa, que guiava os inícios da redenção transcorrida na vulnerabilidade. Em sua carta apostólica, o Papa Francisco considera autêntica a paternidade de São José, retomando a imagem evocadora de sombra do Pai celestial, como já o veremos.

---

[1] SÃO JOÃO PAULO II, *Carta Apostólica Redemptoris Custos*, n. 21.

São José, "sombra do Pai"

São José é um ícone visível e humano do amor infinito que desde toda eternidade Jesus recebe do Pai eterno. Logicamente não pode se igualar à Primeira Pessoa da Trindade em sua infinitude, porém pode encarnar – a modo humano – seus atributos e perfeições, através de sua força serena que protege, de seu amor fiel que inspira segurança, de sua bondade superabundante que estimula o bem. São José é para Jesus a sombra do Pai celestial na terra: o auxilia, o protege, não se afasta jamais de seu lado para seguir seus passos.[2]

Nas Sagradas Escrituras, a sombra evoca proteção do sol abrasador do deserto e, consequentemente, é a imagem de uma presença constante, protegendo de tudo aquilo que pode danificar e prejudicar. Pensemos naquilo que Moisés recorda a Israel: "No deserto, onde vós mesmos vistes que o Senhor vosso Deus vos conduziu, como um homem carrega seu filho, por todo o caminho que percorrestes até chegardes aqui" (Dt 1,31). Assim, São José exercitou a paternidade durante toda a vida, cuidando do menino e de sua mãe.

A paternidade assumida de São José

A paternidade é um dom e uma responsabilidade por assumir, pois, sem dúvida, "ninguém nasce pai, mas se faz

---

[2] Cf. PAPA FRANCISCO, *Carta Apostólica Patris Corde*, n. 7.

pai".³ Um homem não se faz pai apenas por trazer um filho ao mundo, mas por encarregar-se responsavelmente por ele. Todas as vezes que alguém assume a responsabilidade pela vida de outro, em certo sentido, exercita a paternidade em relação a ele. São João Paulo II enfatiza como São José assumiu totalmente a paternidade com relação ao mistério da encarnação. Na pessoa divina de Jesus, a humanidade está assumida pela divindade: "[...] em Cristo está também 'assumido' tudo o que é humano, em particular, a família, como primeira dimensão de sua existência na terra. Neste contexto está também 'assumida' a paternidade de São José".⁴

Em nossa sociedade, os homens assumem com dificuldade o encargo de ser pai e muitas crianças desenvolvem-se sem a figura paterna. Também a Igreja de hoje necessita de pais. A admoestação dirigida por São Paulo aos Coríntios é sempre oportuna: "De fato, mesmo que tenhais milhares de educadores em Cristo, não tendes muitos pais" (1Cor 4,15); e cada sacerdote deveria poder dizer como o apóstolo: "Pois fui eu que, pelo anúncio do Evangelho, vos gerei no Cristo Jesus" (1Cor 4,15). O desprezo ao papel da paternidade na sociedade – junto com a maternidade – deve chamar nossa atenção para compreender e assumir a paternidade como serviço confiado, antes que uma autoridade e um poder. Ser pai é para servir e não para servir-se da paternidade como privilégio.

---

³ Ibidem.
⁴ SÃO JOÃO PAULO II, *Carta Apostólica Redemptoris Custos*, n. 21.

Ser pai significa introduzir a criança na vida, na sociedade, para torná-la capaz de escolher, de ser livre, e não para retê-la ou possuí-la. São José deu um nome a Jesus – *Joshua*, em hebraico – para introduzi-lo e dar poder a sua missão de Salvador diante dos homens, segundo o significado de seu nome. O episódio de Jesus adolescente no templo significa que Jesus não pertence a São José, mas que São José foi o sinal visível da paternidade do Pai celestial. Depois da adolescência, o jovem Jesus começa seu trabalho, está livre para escolher e viver sua relação com a paternidade do céu de modo mais autônomo. O pai da famosa parábola do filho pródigo (cf. Lc 15,11-32) revela a humildade e a pobreza de que se deve revestir a paternidade, para desaparecer em silêncio atrás da vontade dos filhos.

Assim, quando nos encontrarmos na condição de exercer a paternidade, recordemos que não é exercício de domínio, mas um sinal que evoca uma paternidade superior. Em certo sentido, todos nos encontramos na condição de São José, sombra do único Pai celestial, que "faz nascer o seu sol sobre maus e bons e faz cair a chuva sobre justos e injustos" (Mt 5,45).

O amor casto de São José

São José é chamado "pai castíssimo". O que significa o termo "castíssimo"? Não é uma indicação meramente afetiva, mas a síntese de uma atitude que expressa o contrário de possuir. A castidade consiste em ser livre do afã de possuir, em todos os âmbitos da vida. Somente quando um amor é casto é um verdadeiro amor. O amor que quer possuir, no final, torna-se perigoso, aprisiona, faz infeliz. Deus mesmo amou o homem com amor casto, deixando-o livre, inclusive, para equivocar-se e colocar-se contra a sua vontade. A lógica do amor é sempre uma lógica de liberdade, e São José foi capaz de amar de maneira extraordinariamente livre. Foi capaz de esquecer a si mesmo para colocar Maria e Jesus no centro de sua vida.

O Papa Francisco fala da castidade de José como uma virtude necessária, para ter a humildade que o levou a viver uma paternidade autêntica. Cada criança leva sempre consigo um mistério, algo inédito que somente pode ser revelado com a ajuda de um pai que respeite a sua liberdade; um pai que é consciente de que completa sua ação educativa e de que vive plenamente sua paternidade somente quando se faz "inútil", quando vê que o filho conseguiu ser autônomo e anda sozinho pelos caminhos da vida, quando se coloca na situação de São José, que sempre soube que o Menino não era seu, mas que simplesmente fora confiado ao seu cuidado.

À luz dessa reflexão podemos contemplar o sofrimento de São José ao encontrar Jesus no Templo, depois de tê-lo procurado durante três dias – imaginemos sua angústia –, porém ao mesmo tempo foi a máxima satisfação que experimentou como pai: Jesus descobriu e abraçou sua própria vocação: ocupar-se dos assuntos de seu Pai (cf. Lc 2,49). É o melhor reconhecimento que São José podia receber de sua tarefa educativa.

O mundo tem dificuldade de amar de maneira ordenada, devido a uma desfiguração das relações humanas exercidas como relação de poder. A castidade permite um amor ordenado, não dominante nem dependente, mas de autêntica afirmação do outro; é um remédio necessário para as tendências culturais narcisistas que poderiam afetar os cristãos. Essa situação questiona nossa tarefa como educadores, pais, mães de família e sacerdotes, para não fazer da educação de um filho uma busca de realização pessoal. Por sua parte, São José e a Virgem Maria estavam totalmente a serviço da vocação de Jesus, o Filho de Deus.

São José, modelo de masculinidade

São José e a Virgem Maria não eram anjos, e a graça que os conduzia assumia toda sua humanidade masculina e feminina. É legítimo afirmar que José assumia a sua virilidade e que Maria amava a José com um amor de esposa. A feminilidade da Virgem Maria aparece mais nitidamente em sua relação harmoniosa com a masculinidade de São José.

Por outro lado, o Menino Jesus devia admirar profundamente seu pai São José, o amava, desfrutava cada minuto vivido junto com ele. Jesus aprendeu a ser homem contemplando e interatuando com seu pai, interagindo com ele, usando as ferramentas de trabalho, aprendendo a ser filho, esposo e pai em seu íntimo contato. Assim, na Sagrada Família, descobrimos a restauração do vínculo sadio e ordenado entre homens e mulheres, e entre pais e filhos.[5]

---

[5] Ver o artigo *José, sombra do Pai*, do argentino Pe. Leandro Bonnin, de 10 de março de 2021. Disponível em: http://aciprensa.com.

Como conclusão, São José é autêntico pai de Jesus, modelo humano e espiritual de toda forma de paternidade na vida cristã. Seu coração tem traços de humildade, mansidão, responsabilidade e do amor casto e generoso que leva ao Pai celestial. Na Sagrada Família se manifesta a força transformadora da graça, que *faz novas todas as coisas* e permite que cada família humana possa sonhar com a felicidade.

Oração

Salve, protetor do Redentor
e esposo da Virgem Maria.

A ti, Deus confiou seu Filho;
em ti, Maria depositou sua confiança;
contigo, Cristo se forjou como homem.

Ó bem-aventurado José,
mostra-te pai também para nós
e guia-nos no caminho da vida.
Concede-nos graça, misericórdia
e valentia, defende-nos de todo mal.
Amém.

Papa Francisco

Para reflexão

Qual é o perfil da paternidade de São José que mais me chama a atenção e que eu poderia trabalhar em mim ou promover em minha família?

Dia 7

A valentia de São José

Em nome do Pai, do Filho e do Espírito Santo. Amém.

Oração (pessoal ou em grupo, p. 133)

Escolher alguma oração disponível.

Leitura espiritual (pessoal ou em grupo)

Homem de oração e de fé, São José enfrentou com bravura os imprevistos de sua missão, respondendo sem demora ao apelo de Deus. No esposo de Maria, o discípulo de Jesus encontra um modelo de coragem e perseverança, em todas as situações da vida, e um intercessor nas provas. "Todos podem encontrar em São José – o homem que passa despercebido, o homem da presença diária, discreta e oculta – um intercessor, um apoio e um guia em tempos de dificuldade", escreveu o Papa Francisco na introdução da carta apostólica *Patris Corde*.

Nas ladainhas a São José, o título "valentíssimo" interpreta-se como o mais audacioso ou o mais forte, o que significa a grande valentia e a grande coragem de José. Era um homem de fé, sem medo dos olhares dos outros, como demonstrou ao receber em sua casa Maria grávida, e protegeu-a com fortaleza junto com Jesus. A fortaleza é uma virtude fundamental que sustenta firmemente a vontade da pessoa, como também a ajuda decidida a fazer a vontade de Deus em meio ao sofrimento. Vamos contemplar a coragem de São José em sua missão de protetor de Jesus: na encarnação, diante do perigo do exílio, diante da angústia no Templo de Jerusalém e diante da morte.

A noite espiritual da encarnação

Em primeiro lugar, a São José não faltaram provas, como foi a encarnação que podemos chamar de "noite espiritual". Diante do mistério da concepção milagrosa de Jesus no seio da Virgem Maria, São José foi sacudido por uma tormenta de pensamentos de dúvida.[1] Foi uma verdadeira noite espiritual, que o colocou em um nevoeiro de pensamentos contraditórios e confusos: Maria era pura e estava grávida; São José amava a Virgem Maria e respeitava a Lei que pedia para repudiá-la. O Papa Francisco relata esse drama interior da seguinte maneira:

> Maria, depois de acolher o anúncio do anjo, ficou grávida por ação do Espírito Santo, e, quando José percebe, fica totalmente desconcertado. O Evangelho

---

[1] O hino *Acathista* (ou o *Akathisto*), da tradição da Igreja ortodoxa grega, é um louvor a Virgem Maria. Nesse hino encontra-se a seguinte estrofe: "Tendo em seu interior uma tempestade de pensamentos e dúvidas, o prudente José perturbou-se, considerando-te primeiro e supondo-te profanada em segredo. Oh Imaculada! Porém, quando soube que a tua concepção (era obra) do Espírito Santo, disse: 'Aleluia'". Esta é outra amostra da qualidade espiritual de São José e de sua valentia.

não explica quais foram seus pensamentos, porém nos diz o principal: procura fazer a vontade de Deus e está disposto para a renúncia mais radical. Em lugar de defender-se e fazer valer seus direitos, José escolhe a solução que para ele representa um enorme sacrifício. O Evangelho diz: "decidiu repudiá-la em segredo" (Mt 1,19)! Esta breve frase resume um verdadeiro drama interior, se pensarmos no amor de José por Maria. Porém, incluído nesta circunstância, José quer fazer a vontade de Deus e decide, certamente com grande sofrimento, repudiar Maria em segredo.[2]

Esta prova de José é comparável com o sacrifício de Abraão, quando Deus lhe pediu o seu filho Isaac (cf. Gn 22), renunciando ao bem mais precioso, à pessoa mais amada. "Porém, como no caso de Abraão, o Senhor interveio, porque encontrou a fé que buscava, e abriu um caminho diferente, um caminho de amor e felicidade".[3] O Evangelho constata: "Não tenhas receio de receber Maria, tua esposa; o que nela foi gerado vem do Espírito Santo" (Mt 1,20b).

O Evangelho segundo Mateus nos mostra a grandeza de alma de São José. Estava seguindo um bom plano de vida, porém Deus tinha outro plano reservado para ele, uma missão maior. Sua liberdade para renunciar a si mesmo e "sua plena disponibilidade interior à vontade de Deus, nos desafia e nos mostra o caminho. Maria é a mulher cheia de graça, que teve a coragem de ter total confiança na

---

[2] PAPA FRANCISCO, Discurso do *Angelus*, 22 de dezembro de 2013.
[3] Ibidem.

Palavra de Deus; José é o homem fiel e justo, que preferiu acreditar no Senhor a escutar as vozes da dúvida".[4]

Valentia no perigo

A confiança de Deus na valentia de São José durante a infância de Jesus é uma maravilha. São José, quando chegou a Belém e não encontrou um lugar onde a Virgem Maria pudesse dar à luz, teve de instalar-se em um estábulo e adequar o lugar da forma mais acolhedora possível para que o Filho de Deus viesse ao mundo (cf. Lc 2,6-7). Logo depois, diante do perigo iminente de Herodes que queria matar o Menino, São José foi alertado uma vez mais durante o sono. Para protegê-lo, no meio da noite, organizou a fuga para o Egito (cf. Mt 2,13-14). A este respeito, o Papa Francisco comenta:

> De uma leitura superficial destes relatos se tem sempre a impressão de que o mundo esteja a serviço dos fortes e dos poderosos, porém a "boa notícia" do Evangelho consiste em mostrar como, apesar da arrogância e da violência dos governantes terrestres, Deus encontra um caminho para cumprir seu plano de salvação. Também a nossa vida parece, às vezes, que está nas mãos de forças superiores, porém o Evangelho nos diz que Deus sempre consegue salvar o que é mais importante, com a condição de que tenhamos a mesma valentia do carpinteiro de Nazaré, que

---

[4] Ibidem.

sabia transformar um problema em oportunidade, antepondo sempre a confiança na Providência. Se às vezes parece que Deus não nos ajuda, não significa que tenha nos abandonado, mas que confia em nós, no que podemos planejar, inventar, encontrar.[5]

O Evangelho não dá nenhuma informação sobre o tempo em que a Virgem Maria, São José e o Menino permaneceram no Egito. Sem dúvida, o que é certo é que tiveram necessidade de comer, de encontrar uma casa, um trabalho. Não faz falta muita imaginação para encher o silêncio do Evangelho a este respeito. No Egito, a Sagrada Família teve de enfrentar problemas concretos como encontrar uma casa, comer, conseguir um trabalho, como muitos de nossos irmãos migrantes que arriscam suas vidas forçados pelas adversidades. A este respeito, São José é um santo protetor especial para todos aqueles que têm de deixar sua terra por causa da miséria, da falta de trabalho, da guerra e da perseguição.[6]

No final de cada relato no qual São José é o valente protagonista, os Evangelhos da infância de Jesus assinalam que São José levantou-se, tomou o Menino e a sua mãe e fez o que Deus havia mandado (cf. Mt 1,24; 2,14-21). Em cada circunstância, podemos invocar a São José para levar conosco o essencial da fé, de Jesus e da Virgem Maria, como também para confrontar com valentia os perigos diante do sofrimento, da injustiça e da violência.

---

[5] PAPA FRANCISCO, *Carta Apostólica Patris Corde*, n. 5.
[6] Cf. ibidem.

Angústia no Templo de Jerusalém

Aos doze anos de idade, Jesus, junto com a Virgem Maria e São José, subiu a Jerusalém em peregrinação e, passados os dias, ficou por lá, sem que seus pais o soubessem. Ao encontrá-lo no Templo, Maria lhe pergunta: "Filho, por que agiste assim conosco? Olha, teu pai e eu estávamos, angustiados, à tua procura!" (Lc 2,48). Essa angústia dos três dias da perda de Jesus no Templo é como uma antecipação da paixão e morte de Jesus, até o encontro do Ressuscitado no terceiro dia.

Essa angústia em Jerusalém é outra noite espiritual de José, a qual provocou provavelmente uma confusão em seus pensamentos. De um lado, Maria angustiada havia falado a Jesus de José, chamando-o "seu pai". De outro lado, a resposta de Jesus deixa entender que a casa de seu Pai é o Templo (cf. Lc 2,49). É um eco do que José tinha ouvido em seu sonho, doze anos antes: "Não tenhas receio de receber Maria, tua esposa; o que nela foi gerado vem do Espírito Santo" (Mt 1,20b).

Esses múltiplos pensamentos traduzem o grande mistério da encarnação: Jesus é Filho do Altíssimo, filho de Maria, segundo a Revelação, e filho de José, segundo o que dizem as pessoas. A fé diante deste grande mistério é uma luz obscura que precisa valentia e perseverança.

Valentia diante da morte

A Sagrada Escritura fica silenciosa diante da morte de São José. Somente alguns escritos apócrifos e uma tradição oral da Igreja a considera como um modelo. Segundo essa tradição, São José faleceu contemplando a Jesus e descansando nos braços da Virgem Maria. Que melhor morte poderia desejar uma pessoa? A Igreja designa São José patrono dos moribundos, porque quer que experimentem uma santa e feliz morte, à maneira do santo protetor de Jesus.

Mesmo que a morte seja parte da vida, não é um momento fácil de viver. Abandonar-se e dizer adeus aos familiares e amigos resulta muito complicado. Na hora da morte a alma estabelece um combate espiritual, no qual a invocação a São José é uma ajuda preciosa, para fortalecê-la e protegê-la da tentação do desespero provocado por Satanás, e encher-se de confiança na misericórdia de Deus.

Nossa mãe, a Igreja, nos convida a preparar-nos para a hora da morte ("Da morte repentina e imprevista, livra-nos, Senhor", diz a Ladainha dos Santos), a pedir a Mãe de Deus que interceda por nós "na hora de nossa morte" (Ave-Maria) e a confiar-nos a São José, patrono da boa morte.[7] Recomendar-se a São José, a fim de preparar-se para morrer nos braços de Jesus e Maria, significa amar o protetor do Redentor e confiar na valentia de sua intercessão agora e na hora da morte.

Pode-se concluir que a meditação dos Evangelhos da infância leva a contemplar São José como o homem valente, por meio do qual Deus se ocupou do início da história da

---

[7] Cf. *Catecismo da Igreja Católica*, n. 1014.

Redenção. Deus salvou o Menino e sua mãe por meio de José e sua coragem, quando enfrentaram as dificuldades. Desse modo, José é um modelo para que cada pessoa enfrente a contradição, a incompreensão, o perigo e a angústia em sua vida.

Oração

Ó pai virginal de Jesus,
puríssimo esposo da Virgem Maria,
roga por nós diariamente ao Filho de Deus para que,
armados com as ferramentas de sua graça,
possamos lutar nesta vida como devemos e,
na hora da morte, sejamos coroados por ele.

São Bernardino de Sena

Para reflexão

Como São José protegeu a Jesus e Maria, ele tem a missão de proteger-me, pois sou irmão de Jesus.

Meditando os Evangelhos da infância, qual o tipo de prova da minha vida pedi a valentia de São José?

Dia 8

São José, protetor da Santa Igreja

Em nome do Pai, do Filho e do Espírito Santo. Amém.

Oração (pessoal ou em grupo, p. 133)

Escolher alguma oração disponível.

Leitura espiritual (pessoal ou em grupo)

O título de São José de Patrono da Igreja está muito unido a sua paternidade, pois protegeu a Família de Nazaré, de onde começou a vida da Igreja como família de Deus. Com efeito, a raiz da palavra patrono é *pater*, que em latim significa "pai". Da mesma forma que José teve autoridade paternal na Sagrada Família, também foi encarregado de proteger a Igreja, família universal de Deus. Contemplaremos a tarefa de São José como protetor da Sagrada Família, a proclamação de seu título de "Protetor da Santa Igreja" e a atualidade da missão de São José na nova evangelização.

Prolongamento da paternidade de São José na proteção da Igreja

A partir do momento em que a Santíssima Virgem é a Mãe de Jesus Cristo, ela é também a mãe de todos os cristãos; por isso, a devoção filial a Maria é parte essencial da fé católica desde sempre. Do mesmo modo que Jesus é o irmão maior entre todos os cristãos, São José é considerado o pai protetor de toda a irmandade. Na história da Igreja, alguns pensaram que São José ocupasse um lugar secundário, ou uma missão que terminou com sua morte. Sem dúvida, numerosos santos e, paulatinamente, o Magistério da Igreja afirmaram o contrário. Cabe, por exemplo, recordar os ensinamentos de São Bernardino de Sena, no século XIV:

> José foi escolhido pelo eterno Pai como protetor fiel de seus principais tesouros, isto é, de seu Filho e de sua Esposa, e cumpriu seu ofício com fidelidade [...]. Se relacionarmos São José com a Igreja universal de Cristo, não é este um homem privilegiado e providencial, por meio do qual a entrada de Cristo no mundo se desenvolveu de maneira ordenada e sem escândalos? Se é verdade que a Igreja inteira é devedora da Virgem Mãe, por cujo meio recebeu Cristo, depois de Maria é São José a quem se deve um agradecimento e uma veneração singular. José vem a ser a chave do Antigo Testamento, o remate no qual frutifica a promessa feita aos Patriarcas e aos Profetas. Somente ele possuiu de maneira corporal o que para eles tinha sido mera promessa. Não resta dúvida de que Cristo não somente jamais desdisse a familiaridade e o respeito que tinha para com São José durante sua vida terrena como também que ele era seu pai, mas que se teria completado e aperfeiçoado no céu.[1]

---

[1] SÃO BERNARDINO DE SENA, *Sermo 2*, de São José, Opera 7,16.27-30.

No século XVII, o sacerdote jesuíta, Louis Lallement, grande devoto de São José, recomendava a devoção ao santo protetor, ao exortar o seguinte:

> Coloquemos sob a proteção de São José, a quem Deus confiou a direção e o governo de seu Filho e da Santíssima Virgem [...]. Devemos, pois, dirigir-nos a ele e apresentar-lhe nossas obrigações laborais, e pedir-lhe insistentemente sua direção, não somente para o interior, mas também para todos os atos exteriores de nossa vida; porque é certo que este grande santo tem um poder especial para ajudar as pessoas na sua vida interior, e que se recebe dele uma poderosa assistência para saber processar dignamente as atividades da vida.[2]

Como outro exemplo da devoção a São José, é relevante mencionar a reflexão de Pe. Verthamont, que compara São José a Noé da *Nova Aliança*, ao qual corresponde confiar todas as criaturas do universo. O patriarca Noé era justo (cf. Gn 6,9) e sua glória consistia em sua justiça. Como mostra o evangelista Mateus, São José, o Noé do Novo Testamento, conduziu a Arca para onde todo o nosso tesouro estava encerrado. A Arca confiada ao novo Noé é Maria, figura da Igreja; Maria, a arca da Nova Aliança, que nos livra do dilúvio do pecado.

> É preciso reconhecer, como consequência necessária, que o poder de São José se estendia de certa maneira

---

[2] LALLEMENT, L., *Doctrina Spirituelle*.

sobre todas as criaturas visíveis e invisíveis [...]. Se o Pai Eterno lhe confiou seu Filho de maneira tão particular (cf. Rm 8,32), lhe deu de alguma forma e no mesmo instante o domínio de todos os bens criados.[3]

Assim, na história da espiritualidade cristã, o prolongamento da paternidade de São José floresce na promoção da família de Deus, a Santa Igreja.

Proclamação de São José como protetor da Santa Igreja

No século XIX, a Igreja vivia transtornada por tempos difíceis diante do mundo moderno (positivismo, crises modernistas e fragmentação da unidade eclesial). Contudo, nesse panorama floresceu a devoção popular a São José, como também a solicitude dos Padres do Concílio Vaticano I. Este persuadiu o bem-aventurado Papa Pio IX a colocar a Igreja sob a proteção de São José, declarando-o protetor da Igreja universal.

O Papa Pio IX vinha recebendo cartas de leigos, sacerdotes e bispos, que lhe pediam para declarar São José como patrono da Igreja universal. Ele mesmo queria que São José fosse mais conhecido e amado; por isso, uma carta de um zeloso sacerdote dominicano foi determinante na sua decisão. O bem-aventurado dominicano Jean-Joseph Lataste (1832-1869), muito devoto de São José, estava convencido de que Deus queria essa proclamação para o bem da Igreja

---

[3] VERTHAMONT, J., *Octavario de San José*, D IV, 228-229.

e escreveu ao papa que tinha prometido a Deus oferecer a sua vida em sacrifício, para conseguir a proteção de São José a toda a Igreja. O papa sentiu-se muito comovido pelo pedido de Jean-Joseph e convenceu-se de que Deus estava lhe falando através do dominicano.

O papa escreveu: "Este bom religioso (Jean-Joseph Lataste) está oferecendo sua vida [...], em breve, se lhe concederá ao Pe. Lataste esse desejo".[4] Esse bem-aventurado faleceu em 1869, com a idade de 36 anos, e um ano depois, com a solicitude dos Padres do Concílio Vaticano I, em 8 de dezembro de 1870, com o decreto *Quemadmodum Deum*, o Papa Pio IX proclamou São José como Patrono da Igreja universal.

O Papa Leão XIII, em um rico desenvolvimento teológico de sua encíclica *Quamquam pluries*, afirmou a autenticidade de São José como esposo de Maria e verdadeiro pai de Jesus Cristo, em conformidade com os Evangelhos, e intimamente ligado ao Mistério de Cristo e da Igreja. Explicou, ainda, que o patrocínio de São José sobre a Igreja é o prolongamento da autoridade que este exerceu sobre Jesus Cristo, Cabeça da mesma Igreja. Fica claro, então, que quem teve a missão de pai da Sagrada Família teve também, sobre a grande família da Igreja, uma autoridade paternal. O protetor do Redentor, com efeito, "contempla a multidão de cristãos que aderimos à Igreja como confiados

---

[4] PIO IX, citado em GUEULLETTE, Jean-Marie, OP., *My Dear Sisters, Life of Bl. Jean-Joseph Lataste, o.p., Apostle to Prisoners*, New Hope, Kentuky, New Hope Publications, 2018, p. 194.

especialmente ao seu cuidado".[5] Então, sua intercessão não é comparável à dos demais santos, pois, como esposo de Maria, Mãe da Igreja, e junto a ela, teve e tem um lugar único na Redenção.

O Papa Leão XIII exorta à devoção ao Santo Protetor: "É de grande importância que a devoção a São José se introduza nas práticas diárias da piedade dos católicos".[6] O Papa Bento XV,[7] em 1920, convidou todos os cristãos, especialmente os trabalhadores e agonizantes, a ter São José como modelo e protetor, pois "a devoção a José conduz normalmente a Maria e a Jesus".

Protetor da Igreja e da nova evangelização

No início do terceiro milênio, as tribulações seguem sacudindo o barco da Igreja e o amor a São José cresce, através da devoção popular (novena, peregrinação e consagração a São José), como também nos discursos do Magistério da Igreja.

O Santo Papa João XXIII, que convocou o Concílio Vaticano II, tinha um amor especial a São José. De fato, o papa escreveu uma oração que convida todos a entrarem em *aggiornamento* (atualização) da Igreja, com um espírito de docilidade à ação do Espírito Santo:

---

[5] LEÃO XIII, *Carta Encíclica Quamquam Pluries*, n. 3.
[6] Ibidem, n. 2.
[7] BENTO XV, *Motu Proprio Bonum sane et salutare*, 1920.

> Sê sempre, São José, nosso protetor. Que teu espírito interior de paz, de silêncio, de trabalho e oração, a serviço da Santa Igreja, nos vivifique e alegre, em união com tua Esposa, nossa dulcíssima Mãe imaculada, no solidíssimo e suave amor a Jesus, Nosso Senhor.[8]

São Paulo VI, que encerrou o Concílio Vaticano II e fez a Igreja entrar no mundo moderno, convidava a invocar o protetor de Jesus: "[...] a Igreja o invoca como protetor com um profundo e atualíssimo desejo de fazer florescer sua existência terrena, com genuínas virtudes evangélicas, como resplandecem em São José".[9]

São João Paulo II convida a invocar a José para proteger a Igreja dos perigos:

> A Igreja implora a proteção de São José, e lhe recomenda todas as suas preocupações e os perigos que ameaçam a família humana. Ainda hoje, temos muitos motivos para orar com as mesmas palavras de Leão XIII: "Afasta de nós, ó pai amantíssimo, este flagelo dos erros e vícios... Assiste-nos favorável do céu nesta luta contra o poder das trevas...; como em outro tempo livraste da morte a vida ameaçada do Menino Jesus, assim agora defende a Santa Igreja das ciladas hostis de toda adversidade".[10]

---

[8] SÃO JOÃO XXIII, AAS, 53, 1961, p. 262.
[9] SÃO PAULO VI, Alocução de 19 de março de 1969, *Insegnamenti*, VII (1969), p. 1269.
[10] SÃO JOÃO PAULO II, *Carta Apostólica Redemptoris Custos*, n. 31.

São João Paulo II foi o grande papa da nova evangelização e via São José como alento da Igreja, no renovado empenho de evangelização no mundo e de reevangelização naqueles "países e nações nos quais a religião e a vida cristã foram florescentes e que agora estão submetidos à dura prova".[11] Para levar o primeiro anúncio de Cristo e para voltar a levá-lo, ali onde está descuidado ou esquecido, a Igreja tem necessidade de um especial dom do Senhor, com a intercessão e o exemplo de seus santos.[12]

Além da poderosa intercessão para a proteção da Igreja, pela evangelização no terceiro milênio, a Igreja pode contar com o admirável modelo de São José. É um exemplo que supera os estados de vida particulares e que se propõe a todos os cristãos. Com São João Paulo II, afirmamos que a figura de São José é um modelo para a família de Deus, no início do terceiro milênio cristão.[13] Então, é importante que São José seja para todos os discípulos missionários um mestre singular: para os esposos e os pais, para quem vive do trabalho de suas mãos ou de qualquer outro trabalho, para as pessoas chamadas à vida contemplativa, assim como para as chamadas ao apostolado.

---

[11] SÃO JOÃO PAULO II, *Exortação Apostólica Pós-Sinodal Christifidelis laici*, n. 34.

[12] SÃO JOÃO PAULO II, *Carta Apostólica Redemptoris Custos*, n. 29.

[13] SÃO JOÃO PAULO II, *Carta Apostólica Redemptoris Custos*, n. 30.

Oração

Sê sempre, São José,
nosso protetor.

Que teu espírito interior de paz,
de silêncio, de trabalho e oração,
a serviço da Santa Igreja,
vivifique-nos e alegre-nos, em união com
tua esposa, nossa dulcíssima Mãe
Imaculada, no concreto
e suave amor a Jesus,
Nosso Senhor.

São João XXIII

Para reflexão

Contemplando a vida de Jesus em Nazaré, como eu poderia viver mais cotidianamente como filho de São José e sob sua proteção nos perigos?

Dia 9

Uma devoção vital em nosso tempo

Em nome do Pai, do Filho e do Espírito Santo. Amém.

Oração (pessoal ou em grupo, p. 133)

Escolher alguma oração disponível.

Leitura espiritual (pessoal ou em grupo)

Protetor das famílias, dos trabalhadores e dos agonizantes, São José ocupa um lugar muito especial no coração dos fiéis. Sua devoção é recente na história da Igreja; apesar disso, São José é o maior de todos os santos, depois da Virgem Maria, por causa da sua proximidade com o mistério da encarnação. Nesta reflexão, contemplamos o desenvolvimento recente de sua devoção, o papel de São José na Igreja segundo os papas recentes e alguns traços vitais da espiritualidade de São José para nosso tempo.

Desenvolvimento recente da devoção a São José

No final do século XVI, o Papa São Pio V fixa a celebração da solenidade de São José para o dia 19 de março. Alguns anos mais tarde, em junho de 1660, São José aparece a um jovem pastor sedento, perto do povoado de Cotignac, em Provença (sul da França), e lhe mostra uma fonte milagrosa. A aparição foi reconhecida pelo bispo local e as peregrinações se multiplicaram. Em 1870, o Papa Pio IX proclama São José como patrono da Igreja universal e tanto Leão XIII como vários santos destacam o vínculo entre a devoção a São José e Maria. É "muito conveniente que o povo cristão se acostume a invocar com piedade fervorosa e espírito de confiança, juntamente com a Virgem Mãe de Deus, o seu castíssimo esposo São José, e temos certeza de que será agradável e conforme os desejos da mesma Santíssima Virgem".[1] Santa Teresinha de Lisieux escreve em *História de uma alma* (C. 16): "Minha devoção a São José, desde a infância, se confundia com meu amor a Santíssima Virgem".[2] Essa complementaridade entre Maria e José será desenvolvida pelos papas do século XX.

Depois de um longo silêncio do Magistério da Igreja sobre São José, desde 1870 quatro papas escreveram documentos para explicitar seu íntimo vínculo com o mistério de Cristo e da Igreja: o bem-aventurado Pio IX, com seu decreto de proclamação de São José como Padroeiro

---

[1] LEÃO XIII, *Carta Encíclica Quamquam pluries*, n. 2.

[2] São Cláudio de la Colombière dizia: "Ainda que não tivesse outra razão para louvar a São José, teria que fazê-lo somente pelo desejo de agradar a Maria. Não se pode duvidar que ela tenha grande parte nos louvores que se fazem a São José e com ele sente-se honrada", em *Panegírico de San José, Exordio*. Texto recolhido por MONS. VILLELET, *Les plus beaux testes sur Saint Joseph*, La Colombe, Ed. Du Vieux Colombier, Paris, 1959, p. 113-115.

da Igreja universal; Leão XIII, com sua Encíclica sobre a devoção a São José; São João Paulo II, com sua Exortação Apostólica sobre a figura e a missão de São José na vida de Cristo e da Igreja; e Francisco, com sua Carta Apostólica sobre o Coração de pai de São José, que inaugurou o Ano de São José de 8 de dezembro de 2020 até 8 de dezembro de 2021. Estes fatos merecem nossa atenção, para compreendermos que o esposo de Maria tem uma mensagem muito especial para nosso tempo.

Conscientes do lugar especial de São José na Sagrada Família, os papas têm aumentado recentemente a presença de São José nos seus ensinamentos, para esclarecer sua atualidade para a vida humana e espiritual na Igreja e no mundo. O Papa Bento XVI destaca a maravilhosa paternidade de São José como participação exemplar na paternidade celestial, fonte de toda paternidade no céu e na terra:

> Existe uma só paternidade: a de Deus Pai, único Criador do mundo, de todo o visível e o invisível. Apesar disso, ao homem criado à imagem de Deus foi concedida uma participação nesta única paternidade de Deus (Ef 3,15). São José é um caso admirável, porque exerceu sua paternidade sem ser pai segundo a carne. Ainda que não fosse pai biológico de Jesus, cujo Pai foi somente Deus, São José viveu sua paternidade em total plenitude. Ser pai significa, sobretudo, estar a serviço da vida e do crescimento. São José, neste sentido, deu provas de grande devoção.[3]

---

[3] BENTO XVI, *Discurso em Youndé*, Camerún, 19 de março de 2009.

Sem tomar o lugar do Pai celestial, a São José foi confiado cuidar da natureza humana, do crescimento e do desenvolvimento de Jesus. Através da paternidade de José, Jesus cresceu plenamente até a idade adulta. Conforme o plano divino, um pai terreno era necessário na vida de Jesus.

O Papa Francisco inaugurou seu pontificado no dia 19 de março de 2013, solenidade de São José, considerando este fato como uma coincidência muito significativa. Inscreveu em seu brasão pontifício, junto a Jesus e Maria, uma flor de nardo, que simboliza a pureza e o amor de José (cf. Ct 1,12; 4,13-14; Mc 14,3; Jo 12,3). Além disso, no dia 5 de julho de 2013, o Papa Francisco consagrou o Estado do Vaticano a São José e, no dia 8 de dezembro de 2020, inaugurou o Ano de São José, através de um decreto autorizando indulgências aos fiéis que participassem em ocasiões e com as modalidades indicadas pela Penitenciária Apostólica: confissão sacramental, comunhão eucarística e oração pelas intenções do papa.

No dia 1º de maio de 2013, a Congregação para o Culto Divino e a Disciplina dos Sacramentos publicou um decreto pedindo que o nome de São José, esposo da Santíssima Virgem Maria, fosse acrescentado nas Orações Eucarísticas do Missal Romano. Esse gesto é muito significativo, porque as mudanças da Igreja na liturgia eucarística (lei da oração) significam uma evolução da expressão da fé (norma da fé católica). Com esse ato extraordinário, a Igreja parece querer reconhecer cada vez mais o lugar verdadeiramente único de São José no mistério de Cristo e da Igreja.

Uma devoção vital para nosso tempo

A devoção a São José desenvolveu-se aos poucos na Igreja e é chamada a revelar-se fortemente no terceiro milênio, como mostra o interesse do Povo de Deus em solicitar sua intercessão e os escritos dos últimos papas sobre o esposo de Maria. Nesta parte, exporemos três características vitais da espiritualidade de São José, a fim de crescermos na humanidade e na espiritualidade para nosso tempo. Em outras palavras, voltaremos à vida de Nazaré: "Depois de cumprirem tudo conforme a Lei do Senhor, eles voltaram para Nazaré, sua cidade, na Galileia" (Lc 2,39).

1. Uma espiritualidade de ação

A vida de São José ensina uma espiritualidade de ação que nasce do silêncio e que está a serviço de Deus e do próximo. "Quando acordou, José fez conforme o anjo do Senhor tinha mandado e acolheu sua esposa" (Mt 1,24). A fé de São José se expressa nas Sagradas Escrituras através de um fazer silencioso, o que mostra uma disposição contemplativa e uma união com Deus. É uma mensagem vital em um mundo onde o homem se coloca no centro do universo, sem referência a seu Criador, e onde há uma inflação de palavras nos meios de comunicação. Nesse sentido, São José é um mestre de vida interior; nele, tudo nasce do silêncio e da contemplação, e está sempre unido aos corações de Jesus e Maria. Santa Teresa de Ávila pedia a São José, em seu dia festivo (19 de março), um favor espiritual ou temporal. Por que não retomar este belo costume toda quarta-feira, dia dedicado a

São José? Seria uma oportunidade para redescobrir a poderosa intercessão deste santo tão fraterno e paternal.

Além disso, São José não age por agir, mas sim para fazer a vontade de Deus e servir o próximo, nesse caso, sua esposa e seu filho. Em um mundo em processo de virtualização, onde pertencer a um grupo pode resumir-se em enviar um *emoji*, São José recorda o valor da ação para a vida familiar e para a construção de uma sociedade mais justa e fraterna.

Sem dúvida, a expressão da fé silenciosa não se opõe ao fato que "a fé vem pela pregação" (Rm 10,17), porém, explicita que a pregação é testemunho em ação e em palavra. Como dizia São Francisco de Assis a seus irmãos que enviava a evangelizar, segundo as fontes franciscanas: "Vão anunciar o Evangelho por suas vidas e, se o necessitam, pelas palavras". Para retomar uma frase de São João, São José ensina a amar com as obras e a verdade: "Filhinhos, não amemos só com palavras e de boca, mas com ações e de verdade!" (1Jo 3,18).

2. Uma espiritualidade da família cristã

Como Jesus nasceu e cresceu no silêncio da família de Nazaré, a vida cristã necessita do âmbito da família unida com um pai e uma mãe, para nascer e crescer em sua humanidade e divindade. A devoção a São José vem felizmente completar a devoção mariana, para explicitar o mistério da encarnação, ao qual São José e a Virgem Maria estão intimamente ligados para sempre: como o pecado entrou na criação com o primeiro casal, Adão e Eva, a salvação chegou à humanidade pela Sagrada Família de Jesus, Maria e José.

Além disso, na Sagrada Família, José viveu uma espiritualidade do trabalho em harmonia com seus outros compromissos familiares e religiosos. Seu ofício de carpinteiro foi motivo de crescimento pessoal e familiar. Com seu trabalho, continuou a obra da criação e se associou à salvação do mundo através da presença de Jesus, seu aprendiz. Seu trabalho era um lugar essencial de santificação na Sagrada Família. Em outras palavras, o trabalhador José ensina que a vida cristã consiste em estar na presença de Deus dia e noite, conforme o dever de estado de vida; o monge reza oito horas ao dia, e a família terá seu próprio ritmo, porém, todos têm a vocação de unir-se a Deus e glorificá-lo em tudo o que fazem.

A paternidade de São José e a maternidade da Virgem Maria foram santificadas pela graça de seu Filho Jesus, o qual foi aprendendo as virtudes humanas da masculinidade de seu pai terreno. Assim, as famílias cristãs podem colocar-se sob a proteção de São José e da Virgem Maria para caminhar com Deus e solicitar a intercessão de São José para qualquer situação.

3. Uma necessária complementaridade: homem e mulher

O fato de que o Filho de Deus veio ao mundo no seio de uma mulher casada com um homem, segundo a lei civil e divina, deve chamar nossa atenção. O próprio Deus todo-poderoso não quis enviar seu Filho sem uma presença paterna humana para cuidá-lo e educá-lo:

> O crescimento de Jesus "em sabedoria, idade e graça" (Lc 2,52) se desenvolve no âmbito da Sagrada Família, à vista de José, que tinha a alta missão de "criá-lo", isto é, alimentar, vestir e instruir Jesus na Lei e em um ofício, como corresponde aos deveres próprios do pai.[4]

A complementaridade entre homem e mulher é vital para que um e outro cheguem a sua felicidade completa. Um sem o outro viverá uma falta que Adão experimentou na criação e que levou Deus a dizer: "Não é bom que o homem esteja só" (Gn 2,18). Além disso, José é uma figura a ser contemplada para compreender a vocação paterna do homem no plano de Deus. O esposo de Maria é um modelo de paternidade humana como autoridade de serviço na sua família e em seu trabalho.

Nesta época de paternidade humana ferida, de natureza humana lesionada por múltiplas injustiças e violências, de ideologia que não reconhecem a família como célula de base da sociedade, convém valorizar a paternidade humana de são José com Jesus, para assim fomentar e renovar a vocação da paternidade humana na sociedade, a falta de referência paterna vivida, não no sentido de poder e status, mas como serviço responsável a vida e a fraternidade justa.

Conhecemos o refrão "como é o pai, assim é o filho". Jesus mesmo falou do poder do bom exemplo do pai sobre o filho: "O Filho não pode fazer nada por sua conta, mas o

---

[4] SÃO JOÃO PAULO II, *Carta Apostólica Redemptoris Custos*, n. 16.

que vê fazer o Pai. O que ele faz isso igualmente também faz o Filho" (Jo 5,19). O que se aplica ao Pai celestial é válido para o pai terreno, enquanto se refere a seu crescimento humano, porque a graça divina nunca substitui a natureza, porém colabora com ela e a aperfeiçoa.

José cumpriu todos os aspectos do seu papel paterno. Sem dúvida terá ensinado Jesus a rezar, junto com Maria. Em particular, José terá levado Jesus na sinagoga para celebrar os ritos do sábado, bem como a Jerusalém para as grandes festas do povo de Israel. José, de acordo com a tradição judaica, dirigiu as orações em casa todos os dias pela manhã, à noite, durante as refeições, assim como nas principais festas religiosas. Ao ritmo dos dias que viveu em Nazaré, naquele lar simples e na oficina de José, Jesus aprendeu a alternar a oração com o trabalho, e oferecer a Deus seu labor para ganhar o pão que a família necessitava.[5]

As virtudes humanas e espirituais de São José podem ser contempladas nas ladainhas rezadas para pedir sua poderosa intercessão (ver o capítulo "Orações", no final desta obra). Por suas qualidades paternas, São José é invocado como patrono dos educadores. Além disso, em São José, Deus valoriza o trabalho manual, tão depreciado hoje, e, em geral, o trabalho como dignidade humana.

Portanto, a vocação paterna de São José na Sagrada Família é uma atualidade para a vida de nossas famílias e para a vida da Igreja, pois sua ação projeta compromisso,

---

[5] BENTO XVI, Audiência geral, 28 de dezembro de 2011.

interioridade, espiritualidade, simplicidade e laboriosidade ao serviço da Igreja e do mundo.

Por isso, a intercessão poderosa de São José e a consagração a Jesus pelas mãos de José são uma preciosa ajuda para o viver cristão no mundo contemporâneo. Tornar-se filho de São José, que foi o primeiro discípulo de Jesus por Maria, é aprofundar sua intimidade com o mistério do amor de Deus na encarnação. Com São José, o cristão passa a ser o primeiro discípulo de Jesus e de Maria, ou seja, de Jesus por Maria.

Oração do Ano de São José

Salve, protetor do Redentor
e esposo da Virgem Maria.

A ti, Deus confiou o seu Filho,
em ti, Maria depositou sua confiança,
contigo, Cristo se forjou como homem.

Ó bem-aventurado José, mostra-te
pai também para nós e guia-nos
no caminho da vida.

Concede-nos graça, misericórdia e
coragem, e defende-nos
de todo mal.
Amém.

Papa Francisco

Para reflexão

Qual a necessidade vital que desejo apresentar a Deus, pela intercessão de São José, para a santificação de minha família e de meu trabalho ou estudo?

II.

Meditações com São José

Estas meditações são inspiradas no jesuíta francês Pe. Louis Lallemant, sj. (1587-1633). Da obra do século XIX, chamada *Dèvotion à Saint Joseph*. Pe. Lallemant tinha São José como modelo de vida interior e praticava diariamente os quatro exercícios seguintes, revisando seu dia, dois pela manhã e dois à tarde: a escuta do Espírito Santo, a união entre oração e trabalho, a devoção a Virgem Maria e a adoração ao Menino Jesus.

PRIMEIRA MEDITAÇÃO

Medite honradamente a São José por sua *fidelidade à graça*.

Refletindo sobre sua fidelidade à graça, imagine por um instante uma cena da vida de São José (por exemplo, a fuga para o Egito).

Dê graças a Deus e peça-lhe, por meio de São José, ser fiel à graça divina na sua vida pessoal.

Oração

Amadíssimo Deus, agradeço-te
e bendigo pela grande fidelidade
à graça de São José. Concede-me que,
através de sua amorosa intercessão
e pelo poder de seu exemplo,
eu também possa alcançar a fidelidade à graça divina.
Amém.

SEGUNDA MEDITAÇÃO

Medite honradamente a São José pela sua *fidelidade à vida interior*.

Refletindo sobre sua fidelidade à vida interior, imagine por um instante uma cena da vida de São José (por exemplo, a vida de trabalho em sua oficina).

Agradeça a Deus e peça-lhe, por meio de São José, ser fiel à presença de Deus em sua vida pessoal.

Oração

Amadíssimo Deus, agradeço-te
e bendigo pela grande fidelidade à vida
interior de São José. Concede-me que,
através de sua amorosa intercessão
e pelo poder do seu exemplo,
eu também possa alcançar a fidelidade
à vida interior.
Amém.

TERCEIRA MEDITAÇÃO

Medite honradamente a São José pelo *grande amor a Virgem Maria*.

Refletindo sobre o grande amor de São José pela Virgem Maria, imagine por um instante uma cena da vida de São José (por exemplo, o matrimônio casto com a Virgem Maria).

Agradeça a Deus e peça-lhe, por meio de São José, ser uma testemunha fiel de amor pela Virgem Maria em sua vida pessoal.

Oração

Amadíssimo Deus, agradeço-te
e bendigo pelo grande amor de São José
pela Virgem Maria. Concede-me que,
através de seu exemplo, eu também possa
alcançar o amor verdadeiro
a Santíssima Virgem Maria.
Amém.

QUARTA MEDITAÇÃO

Medite honradamente a São José por seu *amor ao Menino Jesus*.

Refletindo sobre o amor de São José pelo Menino Jesus, imagine por um instante uma cena da vida de São José (por exemplo, a aprendizagem de Jesus ao trabalhar com São José como carpinteiro).

Oração

Amadíssimo Deus, te agradeço
e bendigo pelo grande amor de São José
ao Menino Jesus. Concede-me que,
através de sua amorosa intercessão
e pelo poder de seu exemplo,
eu também possa alcançar
o amor verdadeiro ao Menino Jesus.
Amém.

Ó pai adotivo, São José! Intercede por mim e acolhe
benignamente este favor que te peço
(em um breve momento de silêncio,
peça a graça de que necessita).
São José, roga por nós, que recorremos a ti!

III.

Dia da consagração a Jesus por São José

Com renovação das promessas batismais
(Para o último dia)

Com a preparação desta novena de consagração a Jesus por São José, queremos integrar a vida da Sagrada Família como filho adotivo de José que nos conduzirá a Jesus por Maria, quer dizer, tomando Maria em nossa vida interior. Assim, daremos um passo adiante na santidade, renovando toda nossa vida de oração, de família e de trabalho. Vamos viver a consagração a Jesus por São José através de uma leitura espiritual: as ladainhas a São José, a renovação de nossas promessas batismais e um ato de consagração a São José.

Em nome do Pai, do Filho e do Espírito Santo. Amém.

Invocação ao Espírito Santo para entrar na presença de Deus

(Livre ou com a seguinte oração)

Vem, Espírito Santo,
enche os corações de teus fiéis
e acende neles o fogo do teu amor.

Envia, Senhor, teu Espírito.
Que renove a face da Terra.

Oração
Ó Deus, que encheste os corações
de teus fiéis com a luz do Espírito Santo:
concede-nos que, guiados pelo mesmo Espírito,
sintamos com retidão e gozemos sempre
de teu consolo.
Por Jesus Cristo, Nosso Senhor.
Amém.

1. Leitura

Leitura do Evangelho segundo Mateus 1,18-25

"José, filho de Davi, não tenhas receio de receber Maria, tua esposa."

Maria, sua mãe, estava prometida em casamento a José e, antes de passarem a conviver, ela encontrou-se grávida pela ação do Espírito Santo. José, seu esposo, sendo justo e não querendo denunciá-la publicamente, pensou em despedi-la secretamente. Mas, no que lhe veio esse pensamento, apareceu-lhe em sonho um anjo do Senhor, que lhe disse: "José, Filho de Davi, não tenhas receio de receber Maria, tua esposa; o que nela foi gerado vem do Espírito Santo. Ela dará à luz um filho, e tu lhe porás o nome de Jesus, pois ele vai salvar o seu povo dos seus pecados. Tudo isso aconteceu para se cumprir o que o Senhor tinha dito pelo profeta: Eis que a virgem ficará grávida e dará à luz um filho. Ele será chamado pelo nome de Emanuel, que significa: Deus-conosco". Quando acordou, José fez conforme o anjo do Senhor tinha mandado e acolheu sua esposa. E, sem que antes tivessem mantido relações conjugais, ela deu à luz o filho. E ele lhe pôs o nome de Jesus.

2. Reflexão

"José, primeiro discípulo de Jesus e Maria."

Deus escolheu a São José para ser esposo de Maria e pai adotivo de Jesus, o Verbo encarnado. Como consequência, São José foi colocado no cume do plano da salvação para proteger e educar o Filho de Deus em sua infância. Portanto, sua vida é um dom total de si mesmo, a serviço do mistério da encarnação.

Assim fala São Paulo VI sobre a paternidade do esposo de Maria: "[...] por ter feito de sua vida um serviço, um sacrifício ao mistério da encarnação e à missão redentora que lhe está unida; ao fazer dela um dom total de si mesmo, de sua vida, de seu trabalho".[1]

São José nos ensina como fazer de nossa vida um dom, um serviço aos demais e, assim, realizar nossa vocação. Vamos refletir sobre o caminho de vida de São José: um homem justo, que acolheu Maria em sua casa e que, cuidando do filho da Virgem, se converteu em primeiro discípulo de Jesus e Maria: uma vocação espetacular!

José, um homem justo

O Evangelho segundo São Mateus considera José um homem justo (cf. Mt 1,19). É preciso compreender esta afirmação do autor sagrado não em sentido moral ou social, mas no sentido bíblico, o qual significa ajustado à vontade de Deus. Em hebraico, um homem justo é um servo de Deus bom e fiel, alguém que pratica a vontade de Deus em sua vida (cf. Pr 12,10), ou quem é digno de ser honrado e caritativo com seu próximo, como Tobias (cf. Tb 7,6).

José é este homem religioso que praticava a lei na busca sincera da vontade do Pai celestial, como mostra sua disponibilidade à palavra do anjo para receber Maria em sua casa. Em outras palavras, não cumpre seus exercícios espirituais formalmente, para fazer o bem ou parecer bom diante das pessoas, mas para agradar a Deus. Essa disposição o conduz a agir com justiça diante da gravidez da Virgem Maria. Com efeito, José confiava na sua esposa, por

---

[1] SÃO PAULO VI, *Homilia* de 19 de março de 1966, *Ensinamentos de Paulo VI*, IV (1966), 110.

isso não podia aplicar a lei ao pé da letra – isto é, repudiando-a publicamente por estar grávida antes de conviver com ele. Essa docilidade à vontade de Deus o capacita a ouvir e compreender a voz do anjo, que em sonho lhe disse: "José, Filho de Davi, não tenhas receio de receber Maria, tua esposa; o que nela foi gerado vem do Espírito Santo. Ela dará à luz um filho, e tu lhe porás o nome de Jesus, pois ele vai salvar o seu povo dos seus pecados" (Mt 1,20-21).

O sono do justo José é um autêntico diálogo com Deus, que o ilumina para agir segundo a vontade divina na paz do coração. Como consequência, José nos dá uma lição de disponibilidade ao Espírito Santo que fala não somente nos parâmetros da lei, mas também através das circunstâncias e na intimidade do coração.

No Segundo livro de Samuel (cf. 2Sm 7,4-5a.12-14a.16) narra-se que Davi quis construir uma casa ao Senhor, e que o Senhor, pela boca do profeta Natã, lhe comunica que não sucederá assim. O filho de Davi (Salomão) construirá uma casa a Deus (o Templo) e Deus dará a Davi uma família (dinastia), de onde sua descendência reinará para sempre.

Os Evangelhos destacam a filiação davídica de José, o que faz legalmente de Jesus um descendente de Davi, um filho de Davi, segundo a expressão bíblica. Para Davi, Deus promete uma família para sempre, o que vai realizar-se na pessoa de Jesus, pedra angular da família de Deus. É importante que estejamos prontos, como Davi e José, para escutar Deus que fala ao nosso coração e nos dispormos a mudar nossos planos de modo inesperado, tomando Maria em nossa vida.

São José, discípulo de Maria

O Evangelho segundo São Mateus diz: "José, Filho de Davi, não tenhas receio de receber Maria, tua esposa; o que nela foi gerado vem do Espírito Santo". O primeiro ato de fé de José foi o de receber Maria em sua casa, apesar da lei que ordenava repudiá-la. Diferentemente do *Fiat* de Maria, que é uma resposta verbal: "Faça-se em mim segundo a tua palavra" (Lc 1,38), o *Fiat* de José é uma ação silenciosa: "José fez conforme o anjo do Senhor tinha mandado e acolheu sua esposa" (Mt 1,24). Recebendo Maria em sua casa, o homem justo acolhe a seu Senhor; seguindo Maria, vai realizar a vontade de Deus.

São João Paulo II explica que este primeiro "filho" é o começo do caminho de São José. Ao longo desse percurso, os Evangelhos não citam nenhuma palavra dita pelo esposo de Maria. Apesar disso, o *silêncio de São José* possui uma eloquência especial a respeito de sua docilidade a Deus. São João Paulo II continua dizendo que "essa verdade contém um dos testemunhos mais importantes acerca do homem e de sua vocação". Com efeito, o homem necessita fazer crescer; em seu fazer, cresce sua fé e sua pessoa. O *Fiat* silencioso de São José fala de sua vocação contemplativa e ativa, que, em resumo, é modelo para todos os homens. São José, recebendo Maria em sua casa, vive em comunhão com ela, que é cheia do Espírito Santo,

Mãe do Salvador, e, por isso, passa a ser discípulo de sua esposa, a Mãe de Deus.

José, primeiro discípulo de Jesus e Maria

São José é o modelo de todo cristão que recebe Jesus por Maria. Recebendo Maria grávida em sua casa, dá de uma só vez um passo determinante em sua vocação de esposo e pai adotivo de Jesus. Acolher Jesus por Maria é um ato de fé, que hoje os cristãos seguem fazendo com a consagração a Jesus por Maria, de São Luís Maria Grignion de Montfort. Como aparece nos evangelhos da infância de Jesus, José foi dedicado a sua esposa, "todo de Maria" (*Totus tuus*), segundo o emblema de São Luís, e, consequentemente, todo de Jesus por Maria. Nesse sentido, São José é o primeiro discípulo de Jesus e Maria.

Além disso, o caminho espiritual de São José é um dom de si, generoso e valente diante de Deus, devido às numerosas complicações que teve ao receber Maria e Jesus em sua casa: assumir a paternidade de um filho que não era dele e que foi concebido no noivado, durante a violenta oposição de Herodes, o exílio para o Egito, a incompreensao diante de Jesus adolescente no Templo. Tudo indica que a vida com Jesus não é a mais confortável e pela qual necessita uma determinação de fé e amor.

José, Maria e Jesus partilharam as situações de vida de todas as pessoas exiladas, perseguidas, injustiçadas que nos acompanham até nossos tempos. Assim, São José, primeiro discípulo de Jesus e Maria, vive as primícias do que será a vida cristã, uma peregrinação até a pátria celestial. Então, os cristãos, animados pelo Espírito Santo, devem estar dispostos a sair do seu ritmo de vida e a responder a uma solicitude divina imprevisível, que chegará através da fidelidade à Lei, da escuta da voz de Deus em seu interior ou das circunstâncias da vida.

Portanto, viver como discípulo de Jesus e Maria, na escola de São José, é uma perfeição de vida cristã que vamos pedir a Deus. Que o Senhor nos dê um grande amor pela Sagrada Família, sem medo das mudanças e dos imprevistos da vida com Deus, confiando no amor todo-poderoso do Senhor, a quem nada é impossível.

3. Ladainhas a São José

As ladainhas ajudam a memorizar muitas virtudes de São José, como a obediência, a força, a fidelidade, a guarda da Igreja, das famílias etc.

Senhor,	*tem misericórdia de nós.*
Cristo,	*tem misericórdia de nós.*
Senhor,	*tem misericórdia de nós.*
Cristo, ouve-nos,	*Cristo, ouve-nos.*
Cristo, escuta-nos,	*Cristo, escuta-nos.*
Deus Pai celestial,	*tem misericórdia de nós.*
Deus Filho, Redentor do mundo,	*tem misericórdia de nós.*
Deus Espírito Santo,	*tem misericórdia de nós.*
Santa Trindade, um só Deus,	*tem misericórdia de nós.*

Santa Maria,	*roga por nós.*
São José,	*roga por nós.*
Ilustre descendente de Davi,	*roga por nós.*
Luz dos Patriarcas,	*roga por nós.*
Esposo da Mãe de Deus,	*roga por nós.*
Casto guardião da Virgem,	*roga por nós.*
Pai adotivo do Filho de Deus,	*roga por nós.*
Zeloso defensor de Cristo,	*roga por nós.*
Chefe da Sagrada Família,	*roga por nós.*
José justíssimo,	*roga por nós.*
José castíssimo,	*roga por nós.*
José prudentíssimo,	*roga por nós.*
José valentíssimo,	*roga por nós.*
José fidelíssimo,	*roga por nós.*
Espelho de paciência,	*roga por nós.*
Amante da pobreza,	*roga por nós.*
Modelo dos trabalhadores,	*roga por nós.*
Glória da vida doméstica,	*roga por nós.*
Guardião de Virgens,	*roga por nós.*
Arrimo das famílias,	*roga por nós.*
Consolo dos infelizes,	*roga por nós.*
Esperança dos enfermos,	*roga por nós.*
Patrono dos moribundos,	*roga por nós.*
Terror dos demônios,	*roga por nós.*

Protetor da Santa Igreja,	*roga por nós.*
Cordeiro de Deus, que tiras os pecados do mundo:	*perdoa-nos Senhor.*
Cordeiro de Deus, que tiras os pecados do mundo:	*escuta-nos, Senhor.*
Cordeiro de Deus, que tiras os pecados do mundo:	*tem misericórdia de nós.*

V. Estabeleceu-o senhor de sua casa.
R. *E chefe de todos os seus bens.*

Oremos

Ó Deus, que em tua inefável
providência te dignaste escolher
São José por esposo de tua
Santíssima Mãe: concede-nos, te pedimos,
que mereçamos ter como intercessor
no céu ao que veneramos como protetor na terra.
Tu que vives e reinas para sempre.
Amém.

4. Renovação das promessas batismais

A renovação das promessas batismais tem duas etapas: as renúncias e a profissão de fé.

Pelas renúncias, não somente deixamos de lado a realidade de pecado deste mundo injusto como também nos propomos a um ato positivo de recusa, de luta ativa contra tudo o que se opõe a viver o Evangelho.

Professar a fé em Deus e em Jesus supõe assumir o estilo de vida do Evangelho, manifestado com uma prática muito real: amando os demais e trabalhando solidariamente para criar condições sociais, a fim de que esse amor seja possível.

Invocação ao Espírito Santo

Vem, Espírito divino,
manda do céu tua luz.

Pai amoroso do pobre;
dom esplêndido entre teus dons;
luz que penetra as almas;
fonte de maior consolo.

Vem, doce hóspede da alma,
descanso do nosso esforço,
repouso no duro trabalho.

Brisa nas horas de fogo,
prazer que enxuga as lágrimas
e reconforta nas lutas.

Entra até o fundo da alma,
divina luz, e enriquece-nos.

Olha o nosso vazio,
se tu faltas por dentro;
olha o poder do pecado,
quando não envias teu alento.

Rega a terra árida,
cura o coração enfermo,
lava as manchas.

Acende calor de vida no gelo,
domina o espírito incorrigível,
guia aquele que entorta o caminho.

Reparte teus sete dons,
segundo a fé de teus servos.

Por tua bondade e tua graça,
dá seu mérito ao esforço;
salva ao que busca salvar-se
e dá-nos teu gozo eterno.
Amém.

Sequência de Pentecostes

Renúncias

Renunciam a Satanás?
R. *Sim, renuncio.*

Renunciam a todas as suas obras?
R. *Sim, renuncio.*

Renunciam a todas as suas seduções?
R. *Sim, renuncio.*

Profissão de fé

Creem em Deus Pai todo-poderoso, Criador do céu e da terra?

R. *Sim, creio.*

Creem em Jesus Cristo, seu único filho, Nosso Senhor, que nasceu de Santa Maria Virgem, morreu, foi sepultado, ressuscitou dos mortos e está sentado à direita do Pai?

R. *Sim creio.*

Creem no Espírito Santo, na santa Igreja Católica, na comunhão dos santos, no perdão dos pecados, na ressurreição dos mortos e na vida eterna?

R. *Sim, creio.*

Esta é nossa fé. Esta é a fé da Igreja, que nos gloriamos de professar em Jesus, Senhor Nosso.

R. *Amém.*

(Extraído do ritual da renovação das promessas batismais e da Vigília pascal do Missal Romano).

Ato de consagração a Jesus por meio de São José

Ó amado São José,
adota-me como filho.
Encarrega-te da minha salvação;
Cuida de mim dia e noite;
guarda-me das ocasiões de pecado,
consegue para mim pureza de corpo.

Através de tua intercessão a Jesus,
concede-me o espírito de sacrifício,
humildade, desapego, amor ardente por
Jesus no Santíssimo Sacramento,
e um amor doce e terno a Maria, minha mãe.

São José, fica comigo durante a vida,
fica comigo também na minha morte,
e obtém para mim um juízo favorável de Jesus,
meu misericordioso Salvador.
Amém.

São Bernardino de Sena

Pai-Nosso, Ave-Maria, Glória.

Convém concluir o Ato de Consagração a Jesus por meio de São José com uma celebração festiva, junto com as pessoas com quem caminhamos, para dar graças a Deus e dispor essas graças recebidas para a missão.

IV.

Orações, ladainha e hinos em honra a São José

ATO DE CONSAGRAÇÃO A SÃO JOSÉ

Ó amado São José,
adota-me como filho.

Encarrega-te da minha salvação;
Cuida de mim dia e noite;
guarda-me das ocasiões de pecado,
consegue para mim pureza de corpo.

Através de tua intercessão a Jesus,
concede-me um espírito de sacrifício,
humildade, desapego, amor ardente por
Jesus no Santíssimo Sacramento,
e um amor doce e terno a Maria, minha mãe.

São José, fica comigo durante a vida,
fica comigo também na minha morte,
e obtém para mim um juízo favorável de Jesus,
meu misericordioso Salvador.
Amém.

São Bernardino de Sena

ATO DE CONSAGRAÇÃO A SÃO JOSÉ

Ó Santo Patriarca, regozijo-me contigo
pela exaltada dignidade pela qual foste considerado digno
de atuar como pai de Jesus, de dar-lhe ordens e ser obedecido
por aquele a quem o céu e a terra obedecem.

Ó grande santo, como foste servido por Deus,
eu também desejo ser levado a teu serviço.
Elejo-te, depois de Maria, para ser meu principal
defensor e protetor.

Prometo honrar-te todos os dias mediante algum ato especial
de devoção e colocando-me sob tua proteção diária.

Pela doce companhia que Jesus e Maria te deram em tua vida,
protege-me durante toda a vida, para que nunca me separe
do meu Deus ao perder a graça.

Meu querido São José, roga a Jesus por mim.
Certamente, ele nunca pode negar-te nada,
já que obedeceu a todas as tuas ordens
enquanto estavas na terra.
Peça-lhe que me separe de todas as criaturas e de mim mesmo,
que me acenda com seu santo amor,
e que depois faça comigo o que lhe agrada.

Com esta ajuda que Jesus e Maria te deram ao morrer,
te suplico, me protejas de uma maneira especial
na hora da minha morte,
para que ao morrer assistido por ti, em companhia de Jesus
e Maria, possa ir agradecer-te no paraíso e,
em tua companhia, louvar a meu Deus por toda eternidade.
Amém.

Santo Afonso Maria de Ligório

Ó GLORIOSO SÃO JOSÉ

Patriarca da Sagrada Família de Nazaré,
sempre atento a todas suas necessidades.

Derrama sobre...
tua paternal proteção
e acolhe sob tua intercessão
tudo aquilo que pertence
a sua vida espiritual e temporal.

E faz que aquilo que se consegue,
seja para a glória de Deus,
seja para a salvação de nossas almas.
Amém.

Comunidade de Emmanuel.
Foyer de Charité

ORAÇÃO A SÃO JOSÉ

Imploremos a São José a graça das graças:
nossa conversão, e a ele dirijamos nossa oração.

Salve, protetor do Redentor
e esposo da Virgem Maria.

A ti Deus confiou o seu Filho,
em ti Maria depositou sua confiança,
contigo Cristo se forjou como homem.

Oh bem-aventurado José,
mostra-te pai também para nós
e guia-nos no caminho da vida.

Concede-nos graça, misericórdia e
coragem, e defende-nos
de todo mal.
Amém.

Papa Francisco

ORAÇÃO À SAGRADA FAMÍLIA

Sagrada Família de Nazaré:
ensina-nos o recolhimento,
a interioridade, dá-nos a disposição de escutar
as boas inspirações e as palavras dos verdadeiros mestres.

Ensina-nos a necessidade do trabalho,
da reparação, do estudo, da vida interior pessoal,
da oração que só Deus vê em segredo.

Ensina-nos o que é a família,
sua comunhão de amor, sua beleza simples e austera,
seu caráter sagrado e inviolável.
Amém.

São Paulo VI

ORAÇÃO À SAGRADA FAMÍLIA

Oh Sagrada Família de Nazaré!
Comunidade de amor de Jesus, Maria e José,
modelo e ideal de toda família cristã:
a ti confiamos nossas famílias.

Abre o coração de cada lar à fé,
à acolhida da Palavra de Deus, ao testemunho cristão,
para que chegue a ser manancial de novas
e santas vocações.

Dispõe os corações dos pais para que,
com caridade solícita, atenção e prudente piedade amorosa,
sejam para seus filhos guias seguros
aos bens espirituais e eternos.

Sagrada Família de Nazaré,
faz que todos nós, contemplando e imitando
a oração assídua,
a obediência generosa, a pobreza digna
e a pureza virginal vividas em ti,
nos disponhamos a cumprir a vontade de Deus.
Amém.

São João Paulo II

LADAINHA A SÃO JOSÉ
(Com os acréscimos do Papa Francisco)

Senhor, tem piedade.

R. *Senhor, tem piedade.*

Cristo, tem piedade.

R. *Cristo, tem piedade.*

Senhor, tem piedade.

R. *Senhor, tem piedade.*

Cristo, ouve-nos.

R. *Cristo, ouve-nos.*

Cristo, escuta-nos.

R. *Cristo, escuta-nos.*

Deus Pai celestial.

R. *Tem misericórdia de nós.*

Deus Filho, Redentor do mundo.

R. *Tem misericórdia de nós.*

Deus Espírito Santo.

R. *Tem misericordia de nós.*

Santíssima Trindade, um só Deus.

R. *Tem misericórdia de nós.*

Santa Maria, *roga por nós.*

São José, *roga por nós.*

Ilustre descendente de Davi, *roga por nós.*

Luz dos patriarcas, *roga por nós.*

Esposo da Mãe de Deus, *roga por nós.*
Custódio do Redentor, *roga por nós.*
Custódio puríssimo da Virgem, *roga por nós.*
Nutridor do Filho de Deus, *roga por nós.*
Diligente defensor de Cristo, *roga por nós.*
Servidor de Cristo, *roga por nós.*
Ministro da salvação, *roga por nós.*
Cabeça da Sagrada Família, *roga por nós.*
José justíssimo, *roga por nós.*
José castíssimo, *roga por nós.*
José prudentíssimo, *roga por nós.*
José homem forte, *roga por nós.*
José obediente, *roga por nós.*
José fidelíssimo, *roga por nós.*
Espelho de paciência, *roga por nós.*
Amante da pobreza, *roga por nós.*
Modelo de trabalhador, *roga por nós.*
Modelo de vida doméstica, *roga por nós.*
Guardião de Virgens, *roga por nós.*
Apoio nas dificuldades, *roga por nós.*
Coluna das famílias, *roga por nós.*
Consolo dos infelizes, *roga por nós.*
Esperança dos enfermos, *roga por nós.*
Patrono dos exilados, *roga por nós.*

Patrono dos aflitos, *roga por nós.*
Patrono dos pobres, *roga por nós.*
Patrono dos moribundos, *roga por nós.*
Defensor dos moribundos, *roga por nós.*
Terror dos demônios, *roga por nós.*
Protetor da Santa Igreja, *roga por nós.*
Cordeiro de Deus, que tiras os pecados do mundo.
R. *Perdoa-nos Senhor.*
Cordeiro de Deus, que tiras os pecados do mundo.
R. *Escuta-nos, Senhor.*
Cordeiro de Deus, que tiras os pecados do mundo.
R. *Tem misericórdia de nós.*
Estabeleceu-o administrador de sua casa.
R. *E senhor de todos os seus bens.*

ORAÇÃO

Ó Deus, que com inefável providência
escolheste São José como esposo da Santíssima
Mãe de teu Filho,
concede-nos que mereçamos ter como intercessor no céu
a quem veneramos como protetor na terra.

Tu, que vives e reinas,
para sempre.
Amém.

ORAÇÃO A SÃO JOSÉ
PARA CADA PRIMEIRA QUARTA-FEIRA DO MÊS

São José, roga a Jesus que venha
ao meu coração e o inflame de caridade.

São José, roga a Jesus que venha
a minha inteligência e a ilumine.

São José, roga a Jesus que venha a minha vontade
e a fortaleça.

São José, roga a Jesus que venha
aos meus pensamentos e os purifique.

São José, roga a Jesus que venha
aos meus afetos e os ordene.

São José, roga a Jesus que venha
aos meus desejos e os dirija.

São José, roga a Jesus que venha
as minhas ações e as abençoe.

São José, faz que Jesus me ofereça
seu santo amor.

São José, faz que Jesus me ofereça
a imitação de suas virtudes

São José, faz que Jesus me ofereça a verdadeira humildade
de espírito.

São José, faz que Jesus me ofereça
a paz da alma.

São José, faz que Jesus me ofereça
o santo temor de Deus.

São José, faz que Jesus me ofereça
o desejo de perfeição.

São José, faz que Jesus me ofereça
a singeleza de caráter.

São José, faz que Jesus me ofereça
um coração puro e caridoso.

São José, faz que Jesus me ofereça
a graça de suportar com paciência os sofrimentos da vida.

São José, pelo amor que tiveste a Jesus,
ajuda-me a amá-lo de verdade.

São José, recebe-me e protege-me
como teu fiel devoto.

São José, eu me coloco em tuas mãos,
me aceita e socorre-me.

São José, não me abandone
na hora da minha morte.
Amém.

São José, roga por nós!

HINO A SÃO JOSÉ

Foste o guardião da Santa Família,
esposo fiel e pai vigilante,
confiadamente recebeste
Maria em teu coração,
a Mãe de Nosso Senhor.

Veneramos-te, glorioso São José,
a ti recorremos na tribulação.

Tu cuidaste de Jesus
com teu amor.

Ó protege-nos e leva-nos a ele.

Comunidade do Emanuel

HINO A SÃO JOSÉ

Hoje aos teus pés
colocamos nossa vida.

Hoje aos teus pés,
glorioso São José.

Escuta nossa oração e, por tua intercessão,
obteremos a paz do coração.

Em Nazaré,
junto a Virgem Santa.

Em Nazaré, glorioso São José, cuidaste
do Menino Jesus, pois, por tua grande virtude,
foste digno defensor da luz.

Com singeleza,
humilde carpinteiro.

Com singeleza, glorioso São José,
fizeste bem teus serviços,
operário do Senhor,
oferecendo trabalho e oração.

Tiveste fé em Deus
e em sua promessa.

Tiveste fé,
glorioso São José.

Mestre de oração,
alcança-nos o dom de escutar
e seguir a voz de Deus.

Letra e música: José Antonio Poblete

Bibliografia

BERTRAND, M. El Misterio de San José, esposo y padre em el pensamiento de José de Verthamont. *Estudios Josefinos*, Centro Espanhol de Investigaciones Josefinas, año 56, n. 111, enero-junio 2002.

BOSSUET, J. B. *Sermones sobre San José*. Buenos Aires: Colegio Maior, 1980.

CALLOWAY, D. H. *Consagración a San José*. Bogotá: Paulinas, 2021.

CONCÍLIO VATICANO II. *Constituição Lumen Gentium*: sobre a Igreja. 16 nov. 1964. Disponível em: https://www.vatican.va/archive/hist_councils/ii_vatican_council/documents/vat-ii_const_19641121_lumen-gentium_po.html. Acesso em: 15 nov. 2022.

LALLEMANT, D. J. *Doctrine Spirituelle*. Paris: Gabalda, 1908.

LALLEMANT, D. J. *Mystère de La Paternité de Saint Joseph*. Paris: Téqui, 1986.

PAPA FRANCISCO. *Carta Apostólica Patris Corde*: por ocasião do 150º aniversário da declaração de São José como padroeiro universal da Igreja. 2020. Disponível em: https://www.vatican.va/content/francesco/pt/apost_letters/documents/papa-francesco-lettera-ap_20201208_patris-corde.html. Acesso em: 15 nov. 2022.

PAPA LEÃO XIII. *Carta Encíclica Quamquam Pluries*: sobre la devoción a San José. 1889. Disponível em: https://www.vatican.va/content/leo-xiii/es/encyclicals/documents/hf_l-xiii_enc_15081889_quamquam-pluries.html. Acesso em: 15 nov. 2022.

PAULO VI. Discurso aos casais do movimento "Equipas" de Nossa Senhora. 04 maio 1970. Disponível em: https://www.vatican.va/content/paul-vi/pt/speeches/1970/documents/hf_p-vi_spe_19700504_notre-dame.html. Acesso em: 15 nov. 2022.

SAGRADA CONGREGAÇÃO DOS RITOS. *Decreto Quemadmodum Deus*, de 8 de dezembro de 1870.

SÃO JOÃO PAULO II. *Exortação apostólica Familiaris Consortio*: sobre a missão da família cristã no mundo atual. São Paulo: Paulinas, 1981.

SÃO JOÃO PAULO II. *Exortação Apostólica Pós-Sinodal Christifideles Laici*: sobre vocação e missão dos leigos na Igreja e no mundo. 10 dez. 1988. Disponível em: https://www.vatican.va/content/john-paul-ii/pt/apost_exhortations/documents/hf_jp-ii_exh_30121988_christifideles-laici.html. Acesso em: 15 nov. 2022.

SÃO JOÃO PAULO II. *Exortação apostólica Redemptoris Custos*: sobre a figura e a vida de São José na vida de Cristo e da Igreja. São Paulo: Paulinas, 1989.

TEMAR. *San José*: una santidad vivida en lo cotidiano. Bogotá: Paulinas, 2021.